U0489943

育衡丛书

上海财经大学博物馆馆藏集萃

货币卷

喻世红 主编

上海书画出版社

本书由

中央高校建设世界一流大学（学科）和特色发展引导专项资金

资　助

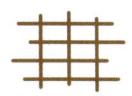

上海财经大学"育衡丛书"编纂委员会

主 任

许 涛　蒋传海

副主任

李增泉

编 委

丛树海　邢建榕　杜恂诚　孙 铮　胡怡建
徐国祥　朱荫贵　胡 江　应望江　陈 忠
程 霖　靳玉英　刘莉亚　刘庆生　章益国
沈 晖　陈红梅　喻世红

上海财经大学博物馆馆藏集萃·货币卷

主 编

喻世红

副主编

徐 斌　高冰冰　韩云云

丛书总序

站在上海财经大学国定路校门前,可见中轴线的正前方坐落着一栋杏墙红瓦的"育衡楼"。该楼定名于"育衡",乃取源于上海财大创校校长、我国著名教育家郭秉文先生所倡导的"三育并举、四个平衡"的办学思想。"三育并举"指训育、智育、体育并举,培养学生全面发展;"四个平衡"则指办学中力求通才与专才的平衡、人文与科学的平衡、师资与设备的平衡以及国内与国际的平衡。"三育四衡"办学思想指引了学校百年发展。

上海财经大学肇建于1917年,作为中国高等商科教育的先行者,学校的发展始终与国家、民族的命运紧密相连。她亲历了中国高等商学教育的发展变迁,见证了中国高等教育的革故鼎新,承载着中国大学文化与商学文化的历史基因。作为一所百年大学,学校把传承大学文化与商学文化作为自己的责任与使命,通过对档案和文物的抢救、挖掘、整理、研究和展示,弘扬积极向上的上海财大精神,传播优秀的商学文化。

大学文化与商学文化是中华优秀传统文化的重要组成部分。在百余年的历史长河中,它们的发展与中华传统文化的演变相得益彰,他们的创新助推中华传统文化永葆生机。习近平同志曾指出:"要把凝结着中华民族传统文化的文物保护好、管理好,同时加强研究和利用,让历史说话,让文物说话。"学校本着对档案文物负责、对历史负责、对未来负责的态度,不断推动档案文物的保护、研究和传播,决定编撰出版"育衡丛书"。

这套丛书之所以取"育衡"之名,一方面,是传承创校校长的办学思想。这一思想既承载着学校厚重的历史底蕴和价值内涵,又具有强烈的现实关照和指引意义。在此意义上,"育衡丛书"蕴含着传承优良办学传统、践行办学使命的旨趣。另一方面,学校档案馆、校史馆、博物馆坐落于育衡楼内。育衡楼已成为集档案、校史、文物的管理服务、保护研究和展陈教育于一体的场所,是校园文化的重要中心,在此意义上,"育衡丛书"具有展示优秀传统文化、体现大学精神的定位。

"育衡丛书"分为档案、校史、文博三大系列。我们希望通过系列图书"让档案、文物活起来",以更加丰富、立体和生动的形式展示在世人面前,让大家时刻感受档案、文物的历史价值和无穷魅力,感受中国大学文化和商学文化的深厚底蕴和优秀传统。同时,肩负立德树人的根本使命,我们也希望系列丛书能发挥"以文化人、以文育人"的效果,通过优秀文化的感染与熏陶,使学生坚定文化自信,增强文化自觉;通过优秀观念的启发和引导,提升学生的人文素养和综合素质,成为德智体美劳全面发展的社会主义建设者和接班人。

　　最后,我们希望这套"育衡丛书"能展现上海财经大学的文化自觉和使命担当,体现上海财经大学为保护和传承中国商学文化所做出的不懈努力。

校党委书记　许涛

校长　蒋传海

2018 年 12 月

凡 例

一、本书收录上海财经大学博物馆馆藏货币300余件/组,包括天然贝币、金属铸币和纸币。

二、本书各章以时间为序。

三、钱文为少数民族文字的,如西夏文、蒙文、满文等,以汉文释读。

四、货币图片为实物彩色照片,均有正背面图,图片尺寸以实物尺寸为基础。

五、重量单位为克,尺寸单位为毫米。圆形文物取其直径尺寸,其它形状文物长度取最长处、宽度取最宽处;纸币无论横幅或竖幅,均取长边为长、短边为宽。

六、不能识读的字以"□"标示。

七、本书资料来源于文史典籍、图书资料等,一般不注明出处。

丛书总序 / 1
凡 例 / 3
前 言 / 17

壹 先秦货币 / 1

贝币
贝币 / 2

布币
"安臧"平肩弧足空首布 / 3
斜肩弧足空首布 / 4
耸肩尖足空首布 / 5
"甘丹"尖足布 / 6
"兹氏半"尖足布 / 7
"虑虒"尖足布 / 8
"安阳"方足布 / 9
"同是"方足布 / 10
安邑半釿 / 11
安邑一釿 / 11
安邑二釿 / 12
"山阳"釿布 / 13
"梁正尚金当孚"布 / 14
"梁充釿五二当孚"布 / 14
"殊布当釿"布 / 15
"蔺"圆足布 / 16
"篱石"圆足布 / 17
"涅金"锐角布 / 18

刀币
"己"针首刀 / 19
"白人"赵刀 / 20

"明"燕刀 / 21
"齐法化"齐刀 / 22
"齐之法化"齐刀 / 23
"即墨之法化"齐刀 / 24
"安阳之法化"齐刀 / 25
"齐返邦长法化"齐刀 / 26

圜钱
"共"圜钱 / 28
"黍垣一釿"圜钱 / 29
"重一两十二铢"圜钱 / 30
战国半两 / 31
"两甾"方孔圆钱 / 32
"賹六化"方孔圆钱 / 33
"明刀"方孔圆钱 / 34

蚁鼻钱
"巽"蚁鼻钱 / 35

贰 秦汉货币 / 37

秦
秦半两 / 38

西汉
榆荚半两 / 39
八铢半两 / 40
四铢半两 / 40
武帝三铢 / 41
郡国五铢 / 42
赤仄五铢 / 43
上林三官五铢 / 44

新莽
一刀平五千 / 45
契刀五百 / 46
大泉五十（合背）/ 47
小泉直一 / 47
小布一百 / 48
幺布二百 / 48
幼布三百 / 49
序布四百 / 49
差布五百 / 50
中布六百 / 50
壮布七百 / 51
第布八百 / 51
次布九百 / 52
大布黄千 / 52
货泉 / 53
货布 / 54
布泉 / 55

东汉
四出五铢 / 56
剪轮五铢 / 57
綖环五铢 / 57

叁 三国两晋南北朝货币 / 59

三国·蜀
犍为五铢 / 60
直百 / 61
直一 / 61
定平一百 / 62
太平百金 / 62

三国·吴
大泉五百 /63
大泉当千 /64

十六国
丰货 /65
汉兴 /66

南朝
孝建四铢 /67
太清丰乐 /68
太货六铢 /69

北朝
太和五铢 /70
永安五铢 /71
常平五铢 /72
布泉 /73
五行大布 /74
永通万国 /75

肆 隋唐五代十国货币 /77

隋
隋五铢 /78

唐
开元通宝 /79
乾封泉宝 /80
乾元重宝（重轮）/81
大历元宝 /82
建中通宝 /83

会昌开元通宝 / 84

得壹元宝 / 87

顺天元宝 / 88

五代十国

天福元宝 / 89

汉元通宝 / 90

周元通宝 / 91

天策府宝 / 92

（楚）乾封泉宝 / 94

（闽）开元通宝 / 95

通正元宝 / 96

乾德元宝 / 97

咸康元宝 / 97

乾亨重宝 / 98

唐国通宝（对钱）/ 99

大唐通宝 / 100

永安一千 / 101

伍 宋代货币 / 103

北宋

宋元通宝 / 104

太平通宝 / 105

淳化元宝（对钱）/ 106

咸平元宝 / 108

景德元宝 / 109

祥符元宝 / 110

祥符通宝 / 110

天禧通宝 / 111

明道元宝（对钱）/ 112

皇宋通宝 / 113

景祐元宝 / 113
庆历重宝 / 113
至和通宝 / 114
至和元宝 / 114
至和重宝 / 114
治平元宝（对钱）/ 115
熙宁元宝 / 116
熙宁重宝（对钱）/ 117
元丰通宝 / 118
元祐通宝（对钱）/ 119
绍圣元宝 / 120
圣宋元宝（对钱）/ 121
崇宁通宝 / 122
崇宁重宝 / 123
大观通宝 / 124
靖康元宝 / 126

南宋
建炎通宝 / 127
建炎重宝 / 127
绍兴通宝 / 128
绍兴元宝 / 128
淳熙通宝 / 129
淳熙元宝 / 129
绍熙通宝 / 130
绍熙元宝 / 130
庆元通宝 / 131
嘉泰通宝 / 132
开禧通宝 / 133
开禧元宝 / 133
嘉定元宝 / 134
嘉定之宝 / 135

嘉定兴宝 / 135
大宋元宝 / 136
端平通宝 / 137
端平重宝 / 138
端平元宝 / 138
嘉熙通宝 / 139
嘉熙重宝 / 139
淳祐通宝 / 140
淳祐元宝 / 140
皇宋元宝 / 141
"临安府行用"钱牌 / 142
咸淳元宝 / 143

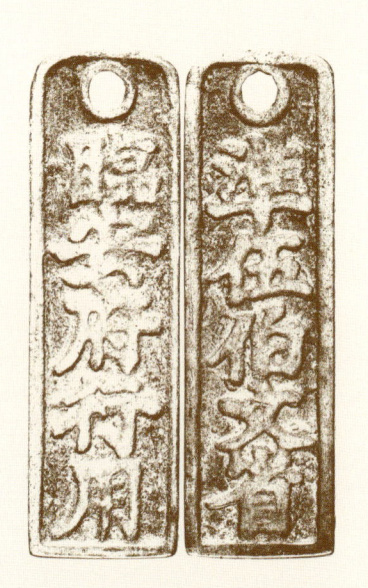

陆 辽夏金货币 / 145

辽
统和元宝 / 146
重熙通宝 / 147
清宁通宝 / 148
咸雍通宝 / 148
大康通宝 / 149
大康元宝 / 149
大安元宝 / 150
寿昌元宝 / 150
乾统元宝 / 151
天庆元宝 / 151

西夏
大安宝钱 / 152
天盛元宝 / 153
乾祐元宝 / 153
天庆宝钱 / 154

皇建元宝 / 155
光定元宝 / 156

金
阜昌通宝 / 157
阜昌重宝 / 157
正隆元宝 / 158
大定通宝 / 159
泰和通宝 / 160
泰和重宝 / 161

柒 元代货币 / 163

元
至元通宝 / 164
大元通宝 / 165
至正通宝 / 166

元末农民起义军政权
天启通宝 / 167
龙凤通宝 / 168
大义通宝 / 169
天佑通宝 / 170
大中通宝 / 171

捌 明代货币 / 173

明
洪武通宝 / 174
永乐通宝 / 175
宣德通宝 / 176
弘治通宝 / 177

嘉靖通宝 / 178
隆庆通宝 / 179
万历通宝 / 180
泰昌通宝 / 181
天启通宝 / 182
崇祯通宝 / 183

南明
弘光通宝 / 184
大明通宝 / 185
隆武通宝 / 186
永历通宝 / 187

明末农民起义军政权
永昌通宝 / 188
大顺通宝 / 188
兴朝通宝 / 189

玖 清代货币 / 191

后金
天命汗钱 / 192
天命通宝 / 192
天聪汗之钱 / 193

清
顺治通宝 / 194
康熙通宝 / 195
雍正通宝 / 195
乾隆通宝（雕母）/ 196
乾隆通宝（红钱）/ 198
嘉庆通宝 / 199

道光通宝 / 200
咸丰通宝 / 201
咸丰重宝 / 202
咸丰元宝 / 203
咸丰元宝（宝泉·镇库）/ 204
祺祥通宝 / 206
同治通宝 / 207
同治重宝 / 207
光绪通宝（机制币）/ 208
光绪重宝 / 208
光绪元宝（铜元）/ 209
大清铜币 / 210
宣统通宝 / 211

三藩
利用通宝 / 212
昭武通宝 / 213
洪化通宝 / 214
裕民通宝 / 215

太平天国及其他农民起义组织
太平天国 / 216
太平圣宝 / 217
平靖胜宝 / 218
天朝通宝 / 218
义记金钱 / 219

拾 中华民国货币 / 221

中华民国开国纪念币 / 222
袁世凯像壹圆（银元）/ 223
交通银行拾圆国币券 / 224

交通银行贰角辅币券 / 226
中央银行壹圆法币 / 228
中国银行壹圆法币 / 230
中国银行壹百圆法币 / 233
中国农民银行伍佰圆法币 / 234
中央银行伍佰圆关金券 / 236
中央银行伍佰万圆金圆券 / 238
中央银行拾圆银元券 / 240
新疆省银行陆拾亿圆省币券 / 241

拾壹 中华人民共和国货币 / 243

第一套人民币
壹圆工农图 / 244
伍圆水牛图 / 245
拾圆灌田与矿井图 / 246
贰拾圆六和塔图 / 247
伍拾圆水车与运煤图 / 248
壹佰圆轮船图 / 249
贰佰圆长城图 / 250
伍佰圆瞻德城图 / 251
壹仟圆马饮水图 / 252
伍仟圆蒙古包图 / 253
壹萬圆牧马图 / 254
伍萬圆新华门图 / 256

第二套人民币
壹分汽车图 / 258
贰分飞机图 / 259
伍分轮船图 / 260
壹角拖拉机图 / 261
贰角火车图 / 262

伍角水电站图 /263
壹圆天安门图（1953版）/264
壹圆天安门图（1956版）/265
贰圆宝塔山图 /266
叁圆龙源口石桥图 /267
伍圆各族人民大团结图 /268
拾圆工农联盟图 /270

第三套人民币
壹角教育与生产劳动相结合图（1960版）/272
壹角教育与生产劳动相结合图（1962版）/273
拾圆人民代表步出大会堂图 /274

后记 /276

前言

货币伴随商品交易的繁荣而产生，是人类社会发展的必然产物。货币既是经济符号，也是政治、文化符号，它可以敏感地反映当时的财政、经济和政治、文化状况，是直接而可靠的史料。货币历史是人类历史的一部分，中国货币历史是中华五千年文明的重要组成部分，它源远流长、博大精深，形成了独立而独特的中国货币文化。

一

中国最早的货币可追溯至先秦的天然贝币，这从汉字中可以看出来，不少同价值、财富有关的汉字都含有"贝"部，如贫、贱、账、贵等。从先秦到中华人民共和国，中国货币经历了漫长的发展历程，类型上可以分为金属铸币、纸币、白银等。结合本书所选藏品特点，主要对金属铸币和纸币发展历史作简要介绍。

金属铸币的发展历史按照其相关特征并结合历史朝代，可以作这样的划分。

一、先秦：四大货币体系。先秦货币指商周到秦统一中国前所使用的货币。我国金属铸币的滥觞可追溯至商周，春秋时期各国广泛采用青铜铸造货币；战国时期，逐渐形成布币、刀币、圜钱、蚁鼻钱四大货币体系。这一时期货币多由生产工具演变而来，布币由古代农具鎛演变而来；刀币由削刀演变而来；圜钱由纺轮演变而来；蚁鼻钱又称鬼脸钱，是由天然贝币演变而来的金属贝币。这四种货币流通于不同地域，布币主要流通于韩、赵、魏三国；刀币主要流通于燕国和齐国；圜钱主要流通于秦国；蚁鼻钱主要流通于楚国。

二、秦至隋：铢两货币。公元前221年，秦始皇统一中国，规定以外圆内方的半两钱（秦半两）为全国通行货币，秦半两是中国最早的统一货币。从此圆形方孔成为主要的金属铸币形态，对后世货币的形制产生了深远的影响，直至清末，圆形方孔钱始终是金属铸币的主要形态。西汉元狩五年（前118），汉武帝以"五铢"为文，铸五铢钱。新朝、三国、两晋、南北朝时期，因币制改革以及国家陷入长期分裂割据，货币铸行呈现混乱状态，但五铢钱仍是汉武帝至隋代700多年间最主要的金属铸币。铢和两都是重量单位，一两等于二十四铢，秦半两和五铢钱，都依据重量单位来确定钱文及钱币的名称，也被称为量名钱，这是秦至隋时期货币的重要特征。

三、唐至清：宝文钱。唐武德四年（621），唐高祖废五铢钱，以"开元通宝"为文，铸开元通宝钱，成为此后历代铸币新的范式，宣告自秦以来流通700多年的铢两货币体系的结束和宝文钱制时代的到来。从此，货币名称脱离重量，逐渐抽象符号化，这是货币发展进程中的一个里程碑。开元通宝每枚重二铢四絫，十枚（文）重一两，每枚重量称为一钱，从此中国衡法由二十四进制改为十进制，这是中国衡法发展的重要节点。元宝、通宝、重宝等宝文钱延续使用1200多年，直至清末被机制币所取代。

四、晚清至民国：机制币。清光绪十年（1884），吉林机器局最早开铸机制银元。光绪二十六年（1900），清政府铸光绪元宝，光绪元宝模仿西方圆形无孔铸币形态，由机器铸造。此后，金属铸币进入新阶段，开始大规模铸造、使用机制银元和铜元。1935年，民国政府实施"法币改革"，银元和铜元逐步退出流通领域。

金属铸币经历几千年的发展，其名称、钱文、书体、形制、成分、重量等不断演变，种类十分繁杂。它们记录和反映了朝代政权的变更、货币制度的变革、铸造技术的进步以及文字书法的演变，具有丰富的内涵。

纸币是货币的另外一种形式。北宋产生了世界上最早的纸币"交子"，主要流通于四川地区；南宋时又出现了"会子"，几乎流通于南宋全境；金代的纸币制度进一步发展，名称很多，有"交钞""宝券"等；元代是我国古代纸币最为发达的时期，纸币成为最主要的流通货币，名称有"交钞""宝钞"等；明代早期，发行和流通"大明通行宝钞"；清咸丰年间，发行"大清宝钞""户部官票"两种纸币，"钞票"一词即肇始于此。中华民国建立以后，各种新币种涌现，1935年，国民政府推行"法币"制度，纸币和镍币成为主要币种。

中国共产党成立后，其领导的人民政权在第一次国内革命时期、抗日战争时期和解放战争时期发行使用过形式多样的货币。1948年12月1日，中国人民银行在石家庄成立，同日发行人民币，至1951年，第一套人民币共有12种面额，60余种版别，成为全国统一的货币，结束了国民党统治下几十年的币制混乱历史。第一套人民币对解放战争的全面胜利和中华人民共和国建设初期经济的恢复与发展发挥了重要作用。至今，中国人民银行共发行五套人民币。

二

上海财经大学博物馆馆藏丰富，货币类藏品是其中一个重要门类。馆藏货币主要包括先秦以来的金属铸币、民国纸币、人民币以及世界各国现行流通货币，其中金属铸币和人民币最具特色，数量多、质量高，有不少精品和珍品，具有很高的历史价值、文物价值和学术研究价值。

博物馆将馆藏货币主要分为四类。第一类，中国历代金属铸币。包括先秦的布币、刀币、圜钱、蚁鼻钱，秦汉至隋的半两、五铢，唐宋元明清的各式方孔圆钱以及清末民国的机制币等。第二类，民国纸币。包括民国交通银行、中央银行、中国银行、中国农民银行等发行的法币、金圆券等。第三类，人民币。包括版别完整的第一至第四套人民币，正在流通的第五套人民币以及香港、澳门和台湾地区的流通货币。第四类，世界各国货币。包括日本、朝鲜、越南等国的古钱币，以及196个国家和地区的143种现行流通货币。

馆藏货币主要具有以下特点：

第一，历史悠久。馆藏货币最早的为原始贝币以及春秋战国时期的布币、刀币、圜钱、蚁鼻钱等。其中，金属铸币涵盖先秦到民国各个历史时期，并且几乎囊括历朝历代的代表性钱币和重要钱币，体系完整，能充分呈现中国金属铸币的发展历史。而人民币包括第一套至第五套人民币，系统和完整地展示人民币的发展历程。

第二，数量众多。馆藏货币共7000余件，目前在货币馆展示的有3100余件。馆藏货币中，收藏先秦货币约350件，其中布币数量多、形制丰富，刀币则有从三字刀到六字刀的各式齐刀；收藏清代咸丰钱约240件，涵盖各铸钱局的各式钱币，还收藏有母钱、样钱等；收藏第一套人民币共计69张，版别十分完整。馆藏货币具有数量多、类型齐的特点。

第三，珍品突出。馆藏货币中不乏精品、珍品、孤品，包括六字刀"齐返邦长法化"、王莽"一刀平五千"、宋徽宗御书"崇宁通宝"，以及罕见孤品"咸丰元宝宝泉局镇库大钱"等，具有重要的历史、文物和学术研究价值。

三

为了传播货币知识、弘扬货币文化，更好地展示、介绍上海财经大学博物馆馆藏货币，编者根据馆藏货币藏品特点，在充分研究的基础上，从多个视角精选302件（组）藏品，编入本书。

本书以朝代作为分章标准，章内主要以货币形成时间进行排序。在对货币的展示和介绍方面，采用图文相结合的方式，主要由四部分构成，一是货币的名称；二是货币图片；三是货币时代、质地、重量、尺寸、形态及钱文描述；四是与货币相关的背景信息。其中对货币相关背景信息的介绍，是本书区别于一些货币图册的特别之处，比如对布币、刀币、圜钱的起源、变化及流通区域的介绍；对釿、乎、化、甾、铢、两、钱等重量单位的介绍；对秦半两、五铢钱、开元通宝等历史价值和意义的介绍；对王莽币制改革的介绍；对钱文内涵及钱文字体的介绍；对年号钱、对钱、御书钱、大钱、红钱的介绍；对货币与朝代和政权关系的介绍；对第一套人民币历史背景和作用的介绍等等。通过对货币进行多维度的解读，让读者更全面、深入地了解货币的文物价值和所承载的历史内涵。

华夏文明源远流长、灿烂辉煌，中国货币文化博大精深、多姿多彩。馆藏货币集萃是中国货币发展史的见证，是中华五千年文明的重要见证。

喻世红

2021 年 11 月

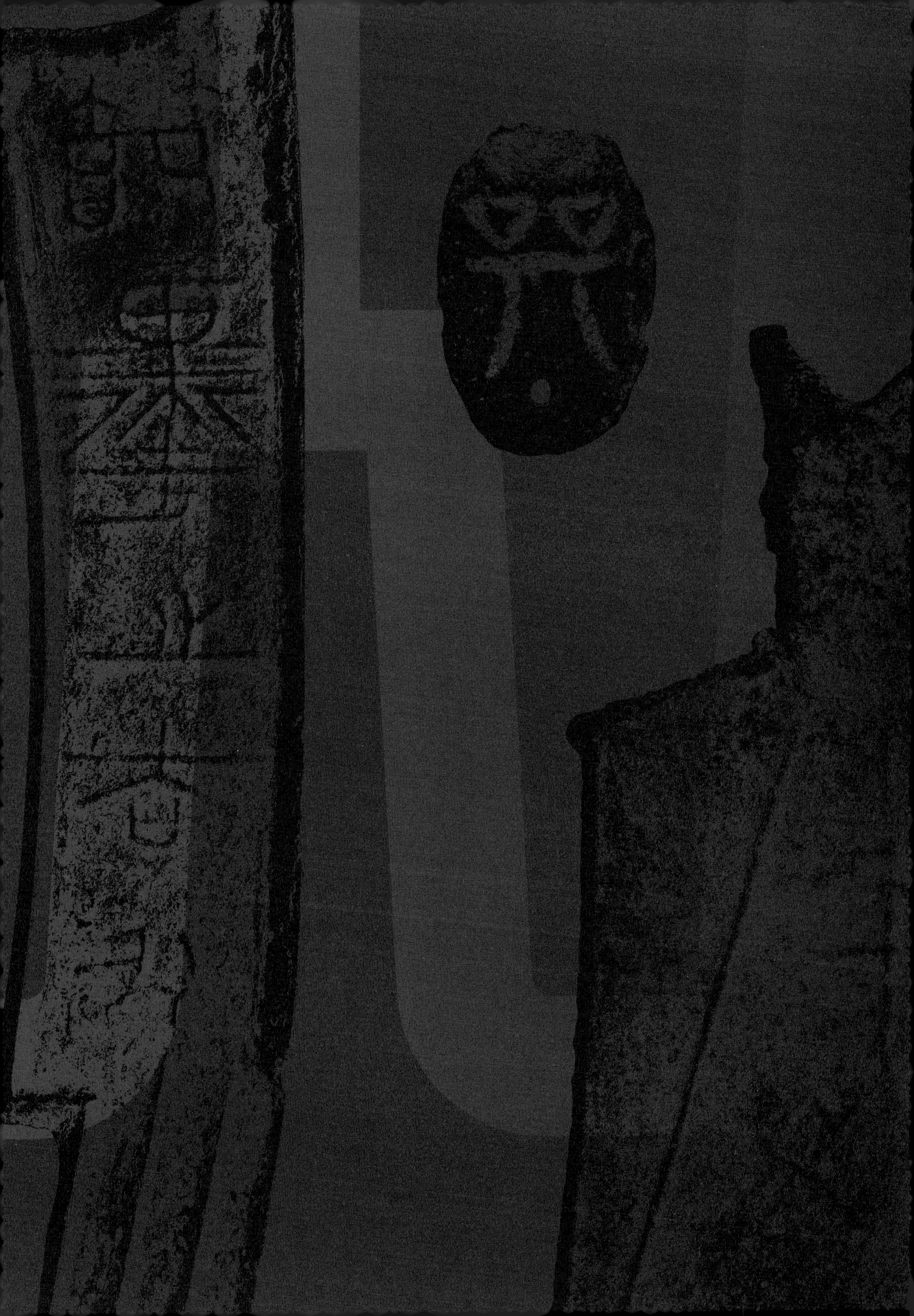

壹 先秦货币

先秦指秦朝建立之前的历史朝代，包括石器时代、夏、商、西周，以及春秋、战国等历史阶段。

人类最早的交换是物物交换。随着社会分工和商品贸易的发展，贝币逐渐成为商品贸易中的一般等价物，被赋予货币职能。商周时期出现青铜材质的金属称量货币。春秋战国时期，由生产工具、生活用具演变而来的布币、刀币、圜钱及蚁鼻钱等青铜铸币盛行，推动了社会经济的进步与发展。

本书从馆藏藏品中遴选贝币1枚、布币18枚、刀币8枚、圜钱7枚及蚁鼻钱1枚。其中包括"安邑半釿""齐返邦长法化""重一两十二铢"等珍贵钱币。

贝币

贝币

时代：石器时代
质地：贝
重量：1.0 克
尺寸：长 20.2 毫米，宽 14.9 毫米。

　　原始贝币产生于新石器晚期，是一种由天然海贝加工而成的贝类货币。《盐铁论》记载："弊（币）与世易，夏后以玄贝，周人以紫石，后世或金钱刀布。"
　　贝币的计量单位是"朋"，"朋"的本义是指一串或两串相连的"贝"，后来逐渐演化成计量单位。

布币

"安臧"平肩弧足空首布

时代：春秋战国

质地：青铜

重量：16.7 克

尺寸：长 72.4 毫米，宽 39.1 毫米

铲形，平肩，弧足，空首，小型，长銎，面背皆有周郭。面文"安臧"，面背皆有三直纹。一足折损。

    布币是由农耕工具"镈"演变而来的一种货币形态，形似铲，产生于春秋，盛行于战国。按币首銎部形状通常分为空首布和平首布。空首布銎部为空心，可以装柄，肩部可分为平肩、斜肩、耸肩；足部可分为弧足、尖足等。

斜肩弧足空首布

时代：春秋战国

质地：青铜

重量：18.4 克

尺寸：长 77.4 毫米，宽 45.9 毫米

铲形，斜肩，弧足，空首，小型，短銎，面背皆有周郭。面文"武"，面有二斜纹；背有一直纹二斜纹。銎有残缺。

耸肩尖足空首布

时代：春秋战国

质地：青铜

重量：39.7 克

尺寸：147.6 毫米，宽 67.1 毫米

铲形，耸肩，尖足，空首，大型，长銎，面背皆有周郭。面背皆有三直纹。

"甘丹"尖足布

年代：战国

质地：青铜

重量：11.6 克

尺寸：长 85.3 毫米，宽 44.0 毫米

铲形，平首，耸肩，尖足，方裆，面背皆有周郭。面文"甘丹"；背有三直纹。

　　平首布由空首布演变而来，首部扁平，无空銎，根据其足部形态分为圆足布、方足布、尖足布，以及特殊形态的锐角布等。

　　尖足布主要铸行于战国时期的赵国。面文多纪地名，也有增纪币值。形态通常分为大小两种，大型尖足布种类与数量较少。

　　"甘丹"为地名，赵国都城，为"邯郸"这一地名的起源。

"兹氏半"尖足布

年代：战国

质地：青铜

重量：5.9克

尺寸：长54.9毫米，宽28.6毫米

铲形，平首，平肩，尖足，方裆，面背皆有周郭。面文"兹氏半"；背有三直纹。

"虑虒" 尖足布

年代：战国

质地：青铜

重量：5.4 克

尺寸：长 57.4 毫米，宽 28.7 毫米

铲形，平首，聋肩，尖足，尖裆，面背皆有周郭。面文"虑虒"；背有三直纹。

"安阳"方足布

时代：战国

质地：青铜

重量：12.2 克

尺寸：长 52.7 毫米，宽 32.5 毫米

铲形，平首，平肩，弧腰，方足，方裆，面背皆有周郭。面文"安阳"，面有一直纹；背有一直纹二斜纹。

　　方足布主要铸行于战国时期的三晋（魏国、韩国和赵国）和燕国，钱文多纪地名，是最通行的一种布币，在布币中品种最多。"安阳"为地名，战国时期，秦、齐、燕、韩、赵、魏六国皆有地名"安阳"，此类布币多出土于韩、赵、魏三国故地。

"同是"方足布

时代：战国

质地：青铜

重量：5.7克

尺寸：长46.9毫米，宽27.7毫米

铲形，平首，平肩，方足，方裆，面背皆有周郭。面文"同是"；背有一直纹二斜纹。

战国晚期青铜铸币，铸行于赵国，流通于韩国、魏国、燕国等。"同是"为地名，即铜鞮，春秋晋地，战国属赵国。

安邑半釿

时代：战国

质地：青铜

重量：6.9克

尺寸：长49.3毫米，宽34.5毫米

铲形，平首，圆肩，直腰，方足，圆裆，面背皆有周郭。面文"安邑半釿"；光背无文。

　　釿布得名于其钱文中多铸有"釿"字。"釿"为一种重量单位和货币名称。釿布主要铸行于魏国，钱文纪地、纪值，主要有"半釿""一釿""二釿"。"安邑"为地名，魏国早期都城。

安邑一釿

时代：战国

质地：青铜

重量：15克

尺寸：长54.9毫米，宽34.0毫米

铲形，平首，圆肩，直腰，方足，圆裆，面背皆无郭。面文"安邑一釿"；背文"安"。

安邑二釿

时代：战国

质地：青铜

重量：14.4 克

尺寸：长 53.9 毫米，宽 34.1 毫米

铲形，平首，圆肩，直腰，方足，圆裆，面背皆无郭。面文"安邑二釿"；背文"安"。

"山阳"釿布

年代：战国

质地：青铜

重量：22.4克

尺寸：长55.0毫米，宽37.2毫米

铲形，平首，圆肩，双足以弧裆相连，面背皆无郭。面文"山阳"；光背无文。

战国早中期魏国所铸，"山阳"为战国时魏国地名。

"梁正尚金当𨥛"布

时代：战国

质地：青铜

重量：10.7 克

尺寸：长 53.8 毫米，宽 35.5 毫米

铲形，平首，圆肩，弧裆，面背皆无郭。面文"梁正尚金当𨥛"；光背无文。

当𨥛布为魏国迁都大梁以后所铸。其双足以弧裆相连若桥拱状，也称"桥足布"。梁即大梁（今开封），魏国国都。"𨥛"为金属重量单位。当𨥛布共有两套，一套为梁充釿五二十当𨥛、梁充釿金当𨥛；一套为梁正尚金当𨥛、梁半尚二金当𨥛。"梁正尚金当𨥛"裆部较平，"梁充釿五二十当𨥛"裆部较深。

"梁充釿五二十当𨥛"布

时代：战国

质地：青铜

重量：25.3 克

尺寸：长 61.5 毫米，宽 40.0 毫米

铲形，平首，圆肩，弧裆，面背皆无郭。面文"梁充釿五二十当𨥛"；光背无文。

"殊布当釿" 布

时代：战国

质地：青铜

重量：38.9克

尺寸：长107.0毫米，宽39.0毫米

铲形，平首，平肩，方足，弧腰，方裆，首部有一穿孔，面背皆有周郭。面文"殊布当釿"，也有释读"旆布当釿"；背文"十货"。

"蔺"圆足布

年代：战国

质地：青铜

重量：① 7.0 克；② 16.7 克

尺寸：①长 51.0 毫米，宽 27.0 毫米；
②长 75.8 毫米，宽 39.1 毫米

铲形，圆首，圆肩，圆裆，圆足，面背皆有周郭。面文"蔺"；背有一直纹二斜纹。

圆足布主要铸行于战国时期的赵国，通常分为大中小三种。面文多纪地名，"蔺"为赵国地名。

"篱石"圆足布

时代：战国

质地：青铜

重量：10.7克

尺寸：长73.0毫米，宽38.5毫米

铲形，圆首，圆肩，圆裆，圆足，面背皆有周郭。面文"篱石"；背文"三"，背有二斜纹。

"篱石"为赵国地名。

"涅金"锐角布

时代：战国

质地：青铜

重量：17.0 克

尺寸：长 74.4 毫米，宽 44.2 毫米

铲形，平首，平肩，方足，方裆，面背皆有周郭。面文"涅金"，面有一直纹；背有一直纹二斜纹。

战国中期铸币，主要铸行于三晋地区。锐角布因首部两端呈锐角而得名，也称"也有布"，颇为少见，其形制通常有大小两种。

刀币

"己"针首刀

时代：战国
质地：青铜
重量：6.5 克
尺寸：长 140.3 毫米，宽 20.4 毫米

刀形，尖首，弧背，弧刃。刀首尖锐如针，面背皆有周郭。刀柄面有二直纹，背有一直纹。面文"己"；光背无文。

　　刀币是由青铜工具"削刀"演变而来的一种货币形态，主要铸行于战国时期的燕国、齐国、赵国及其临近地区。根据形态可分为针首刀、尖首刀、圆首刀、平首刀等。按主要铸行国可分为赵刀、燕明刀、齐刀等。

"白人" 赵刀

时代：战国
质地：青铜
重量：9.6 克
尺寸：长 139.4 毫米，宽 18.0 毫米

刀形，圆首，弧背，弧刃，面背皆有周郭。刀柄面有二直纹。面文"白人"，光背无文。

赵刀是战国时期赵国占领中山国后铸行的刀币，因刀首圆形，背较直，俗称"直刀""圆首刀"。面文多纪地名。"白人"为赵国地名。

"明"燕刀

时代：战国
质地：青铜
重量：13.7 克
尺寸：长 141.4 毫米，宽 20.5 毫米

刀形，尖首，弧背，弧刃，面背皆有周郭。刀柄面背皆有二直纹。面文"明"；背文"□"。

明刀为战国时期燕国铸行的刀币，因面文上常有一个"明"字而得名，从形制可分圆折刀和磬折刀。明刀的特点在于刀面上的文字。关于这个字，学术界对此有多重解读，包括"明""盟""同""易""匽"，其中以"明"居多，故俗称"明刀"。

"齐法化"齐刀

时代：战国

质地：青铜

重量：40.0 克

尺寸：长 182.0 毫米，宽 28.8 毫米

刀形，尖首，弧背，弧刃，面背皆有周郭。刀柄面背皆有二直纹。面文"齐法化"；背文"吉"，背上部有三横纹。

齐刀为战国时期齐国铸行的刀币。面文大都加"法化"二字，有"齐法化""齐之法化""即墨之法化""安阳之法化""齐返邦长法化"。"法化"即法定货币之意，"化"原是刀币区的货币名称和重量单位。通常以钱面的文字数量分别俗称为三字刀、四字刀、五字刀、六字刀。

"齐之法化"齐刀

时代：战国

质地：青铜

重量：43.7克

尺寸：长182.0毫米，宽28.5毫米

刀形，尖首，弧背，弧刃，面背皆有周郭。刀柄面背皆有二直纹。面文"齐之法化"；背文"日"，背上部有三横纹。

"即墨之法化"齐刀

时代：战国

质地：青铜

重量：57.8克

尺寸：长185.0毫米，宽29.9毫米

刀形，尖首，弧背，弧刃，面背皆有周郭。刀柄面背皆有二直纹。面文"即墨之法化"；背文"安邦"，背上部有三横纹。

"即墨"为齐国地名。

"安阳之法化"齐刀

时代：战国

质地：青铜

重量：50.0 克

尺寸：长 180.0 毫米，宽 28.5 毫米

刀形，尖首，弧背，弧刃，面背皆有周郭。刀柄面背皆有二直纹。面文"安阳之法化"；背文"三十"，背上部有三横纹。

"安阳"为齐国地名，公元前 412 年为齐国所得。

"齐返邦长法化"齐刀

时代：战国
质地：青铜
重量：44.8 克
尺寸：长 187.0 毫米，宽 29.2 毫米

刀形，尖首，弧背，弧刃，面背皆有周郭。面文"齐返邦长法化"；背文"□"，背上部有三横纹。

关于这种刀币的面文，通常有"齐返邦长法化"与"齐造（建）邦长法化"两种释文。钱币界对其铸造背景大致有四种认识：一为纪念姜太公在西周初年创建齐国而铸；二为纪念公元前386年，田姓取代姜姓成为齐国主人，田齐开国而铸；三为表彰公元前279年，田单击退燕国，齐襄王复国而铸；四为颂扬战国中期某位齐王开疆拓土的丰功伟绩而铸。

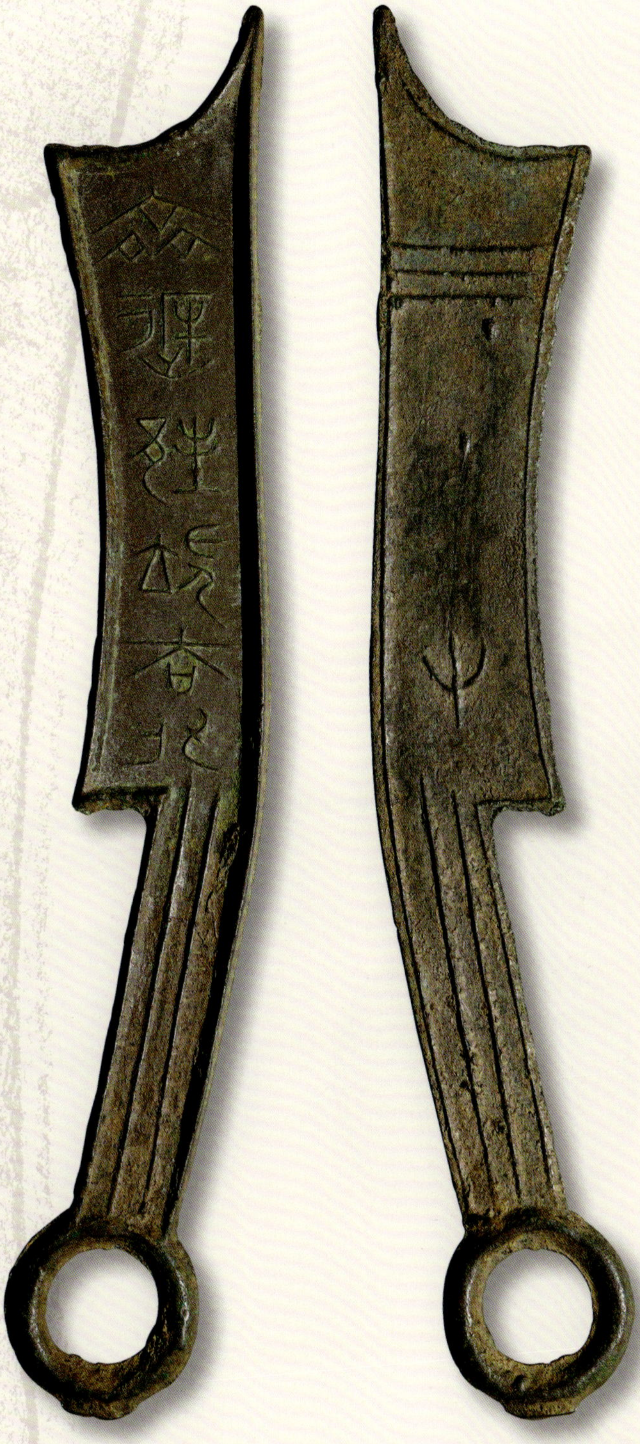

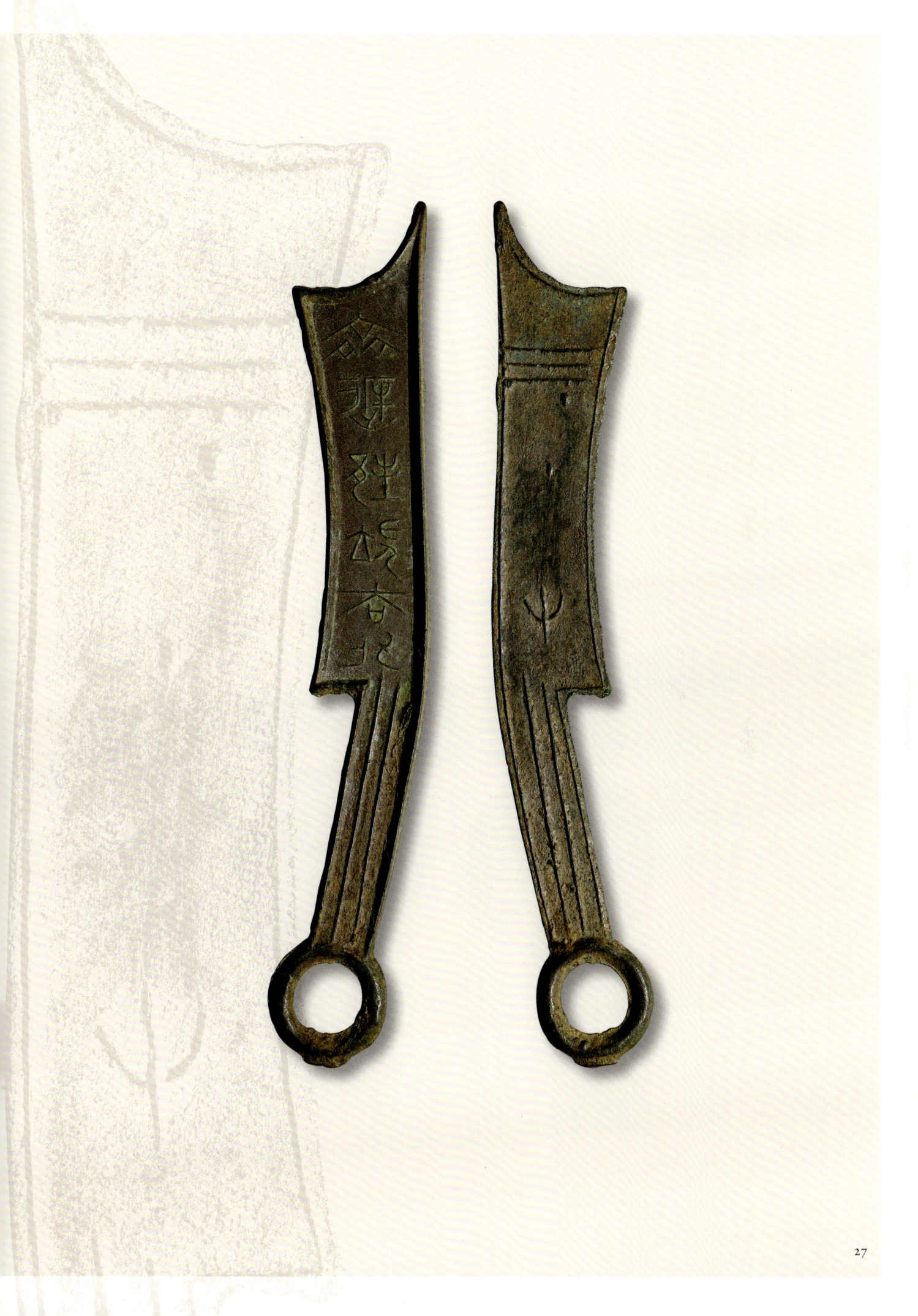

圜钱

"共"圜钱

时代：战国

质地：青铜

重量：16.1 克

尺寸：直径 42.1 毫米，孔宽 5.5 毫米。

圆形圆孔，狭穿，面背皆无郭。面文"共"；光背无文。

"共"圜钱为魏国铸币。

圜钱也称圜金、环钱，多认为是取象于玉璧或纺轮发展演变而来的一种货币形态。按形状通常分为圆孔圜钱、方孔圆钱。按货币单位可分为以"两"为单位的圜钱（秦国），以"釿"为单位的圜钱（三晋地区），以"化"为单位的圜钱（齐国）和以"刀"为名称的圜钱（燕国）。

"黍垣一釿"圜钱

时代：战国
质地：青铜
重量：13.8克
尺寸：直径37.3毫米，孔宽9.9毫米

圆形圆孔，面背皆无郭。面文"黍垣一釿"，旋读；光背无文。

　　"黍垣一釿"为战国时期魏国铸币，"黍垣"即"漆垣"，魏国地名。以"釿"为单位的圜钱主要铸行于三晋地区。

"重一两十二铢"圜钱

时代：战国

质地：青铜

重量：14.5克

尺寸：直径38.9毫米，孔宽8.8毫米

圆形圆孔，面背皆无郭。面文"重一两十二铢"，旋读，小篆；光背无文。

战国时期秦国所铸。以"两"为单位的圜钱主要铸行于秦国。

战国半两

时代：战国
质地：青铜
重量：14.2 克
尺寸：直径 31.5 毫米，孔宽 7.9 毫米
圆形方孔，面背皆无郭。面文"半两"；光背无文。

　　方孔圆钱内为方孔外为圆形，主要铸行于秦国、齐国和燕国。
　　"半两"是战国时期秦国特有的一种铸币，也称"战国半两"，圆形方孔。秦灭六国统一中国后，圆形方孔成为主要的金属铸币形态，对后世货币的形制产生了深远的影响。直至清末，圆形方孔钱始终是我国金属铸币的主要形态。在先秦计量单位中，一两为二十四铢，"半两"即为十二铢。目前存世的"半两"钱有三种，即战国半两、秦半两、汉半两。

"两甾"方孔圆钱

时代：战国
质地：青铜
重量：8.6 克
尺寸：直径 31.6 毫米，孔宽 8.6 毫米

圆形方孔，面背皆有外郭。面文"两甾"，横读；光背无文。

为战国中晚期秦国铸币。"甾"为重量单位，通常认为两甾为十二铢，即半两。

"賹六化"方孔圆钱

时代：战国

质地：青铜

重量：10.9 克

尺寸：直径 35.7 毫米，孔宽 8.5 毫米

圆形方孔，正面有内外郭，背面无郭。面文"賹六化"；光背无文。

战国晚期齐国铸币，賹化钱分三等，另有"賹化""賹四化"。

"明刀"方孔圆钱

时代：战国

质地：青铜

重量：3.7克

尺寸：直径25.4毫米，孔宽8.4毫米

圆形方孔，面背皆无郭。面文"明刀"，横读；光背无文。

战国晚期燕国铸币，还有"明四""一刀"等。

蚁鼻钱

"巽"蚁鼻钱

时代：战国

质地：青铜

重量：3.4克

尺寸：长18.2毫米，宽11.5毫米

椭圆形，一面凸起并有字，下部有一穿孔。面文"巽"；光背无文。

  蚁鼻钱为战国时期楚国铸行的贝形金属铸币，其形制与海贝相似，面文有"巽""君""贝""各六朱"等。因形似蚂蚁爬上鼻的形态，俗称"蚁鼻钱"；又因形似"鬼脸"，也称"鬼脸钱"。

  楚国远离中原王朝核心区域，有着较为独特的货币体系。楚国早期至中期主要流通两种货币，一种主要用于大额支付使用的黄金货币，即"郢爯"；一种作为小额支付使用的铜贝币，即"蚁鼻钱"。

贰 秦汉货币

秦（前221—前206）是由战国时期的秦国发展起来的中国历史上第一个统一的封建王朝，历时10余年。汉分为西汉（前202—8）与东汉（25—220），是继秦朝之后的大一统王朝，历时400余年。其中还包括新莽时期（9—23），历时10余年。

公元前221年，秦始皇统一六国，规定黄金为上币（单位"镒"），铜为下币（单位"半两"），并颁令天下，统一铸造在全国流通的"方孔圆钱"——半两钱。自此，方孔圆钱这一货币形制在中国沿用两千余年。

西汉初铸行半两、四铢等。汉武帝时改铸五铢钱，并第一次将铸币权收归中央政府。五铢钱轻重合宜、币值稳定，成为汉王朝统一的基础流通货币，并成为汉武帝至隋代700多年间最主要的金属铸币。新莽时期"托古改制"，时间虽短，但进行四次币制改革，铸行钱币品类繁多。

本书从馆藏藏品中遴选秦半两1枚、汉半两3枚、三铢钱1枚、五铢钱3枚、新莽钱币17枚以及东汉五铢3枚。其中包括"一刀平五千""第布八百"等珍贵钱币。

秦

秦半两

时代：秦

质地：铜

重量：5.2 克

尺寸：直径 28.3 毫米，孔宽 7.6 毫米

圆形方孔，面背皆无郭。面文"半两"，横读，篆书；光背无文。

公元前 221 年，秦统一天下，规定以外圆内方的半两钱为全国通行货币，这是中国最早的统一货币。

西汉

榆荚半两

时代：汉
质地：铜
重量：0.4 克
尺寸：直径 8.5 毫米，孔宽 4.6 毫米

圆形方孔，面背皆无郭。面文"半两"，横读，篆书；光背无文。

　　西汉初年，政府因财政困难，以秦钱重为借口令民间和地方自由铸造半两钱，法定重量三铢。因钱体轻小、穿孔极大、制作粗劣，形如榆荚，俗称"榆荚半两"。

（实物放大 918%）

八铢半两

时代：汉

质地：铜

重量：3.5 克

尺寸：27.0 毫米，孔宽 8.8 毫米

圆形方孔，面背皆无郭。面文"半两"，横读，篆书；光背无文。

西汉初期，沿袭秦制，货币仍用"半两"，但其名称与实际重量并不相符。吕后二年（前186）铸八铢半两，法定钱重八铢，面文"半两"，俗称"八铢半两"。

四铢半两

时代：西汉

质地：铜

重量：3.2 克

尺寸：直径 24.0 毫米，孔宽 6.1 毫米

圆形方孔，面背皆无郭。面文"半两"，横读，篆书；光背无文。

汉文帝刘恒五年（前175）始铸。法定钱重四铢，面文"半两"，俗称"四铢半两"。

武帝三铢

时代：西汉

质地：铜

重量：2.1 克

尺寸：直径 22.9 毫米，孔宽 7.7 毫米

圆形方孔，面有外郭。面文"三铢"，横读，篆书；光背无文。

  汉武帝刘彻建元元年（公元前140）废四铢半两，铸三铢钱，俗称"武帝三铢"。但建元五年（前136）又废三铢钱，恢复使用四铢半两。

  三铢钱是秦以来以"半两"钱统一货币后首次出现以"铢"为钱文的钱币。

郡国五铢

时代：西汉

质地：铜

重量：3.8 克

尺寸：直径 25.8 毫米，孔宽 9.3 毫米

圆形方孔，面有外郭，背有内外郭。面文"五铢"，横读，篆书；光背无文。

汉武帝元狩五年（前118）废四铢半两，以"五铢"为文，准许郡国铸造，俗称"郡国五铢"。从此，五铢钱成为唐朝以前我国最主要的金属铸币。

赤仄五铢

时代：西汉

质地：铜

重量：4.4 克

尺寸：直径 26.0 毫米，孔宽 9.5 毫米

圆形方孔，面有外郭，背有内外郭。面文"五铢"，横读，篆书；光背无文。

　　汉武帝元鼎二年（前115）始铸，元鼎四年（前113）停铸。赤仄五铢为解决郡国五铢"多奸铸钱，钱多轻"而专用于"充赋"和"官用"的钱币，由京师钟官负责统一铸造，铸量较少。

上林三官五铢

时代：西汉

质地：铜

重量：4.6 克

尺寸：直径 25.4 毫米，孔宽 9.1 毫米

圆形方孔。面有外郭，背有内外郭。面文"五铢"，横读，篆书；光背无文。

汉武帝元鼎四年（前 113）禁止郡国铸钱，并且废销之前所有铸币，令上林三官铸行"五铢"钱。上林三官为汉代主持统一铸造钱币的官署合称，是中国最早的中央造币厂。中国的货币铸造权首次统一在国家手中。

上林三官五铢钱的铸造工艺先进，多为铜范或制作极精细的泥范所造。其钱制由三铢钱继承而来，进而成为此后西汉时期五铢钱的基本特征。具体特征有：钱文严谨规矩，"五铢"二字修长秀丽，风格较为一致，"五"字交笔缓曲，上下与两横笔交接处略向内收。"铢"字"金"头有三角形、箭镞形两种，四点方形较短。"朱"字头方折，下垂笔基本为圆折，头和尾与"金"字旁平齐，笔画粗细一致。

（实物放大 346%）

新莽

一刀平五千

时代：新莽

质地：铜、金

重量：25.1 克

尺寸：长 74.2 毫米，宽 29.2 毫米

首部为环状，身部为刀形且有刃，面背均有内外郭。面文"一刀平五千"，篆书，刀首"一刀"二字为错金工艺，刀身有"平五千"三字；光背无文。

王莽居摄元年（6）篡权，自称"假皇帝"（"假"为代理之意），公元 9 年，建立新朝，建元"始建国"。从公元 6 年至 23 年的十七年间，共进行四次货币改革。第一次货币改革是居摄二年（7），在五铢钱外，另铸"一刀平五千""契刀五百"和"大泉五十"。

"一刀平五千"于王莽居摄二年（7）至始建国元年（9）铸行，是中国古代唯一采取错金工艺铸造的钱币，又称"金错刀"。张衡有诗云："美人赠我金错刀，何以报之英琼瑶"。按照当时的衡制，一斤黄金相当于一万枚五铢钱，一枚金错刀可兑换五千枚五铢钱，两枚金错刀即可兑换一斤黄金。

契刀五百

时代：新莽

质地：铜

重量：17.9克

尺寸：长76.6毫米，宽29.2毫米

首部为环状，身部为刀形且有刃，面背均有内外郭。面文"契刀五百"，刀首有"契刀"二字，刀身有"五百"二字；光背无文。

王莽居摄二年（7）始铸，一枚等同于五百枚五铢钱。

大泉五十（合背）

时代：新莽

质地：铜

重量：3.6 克

尺寸：直径 23.0 毫米，孔宽 8.7 毫米

圆形方孔，面背均有内外郭。面背文均为"大泉五十"，对读，篆书。

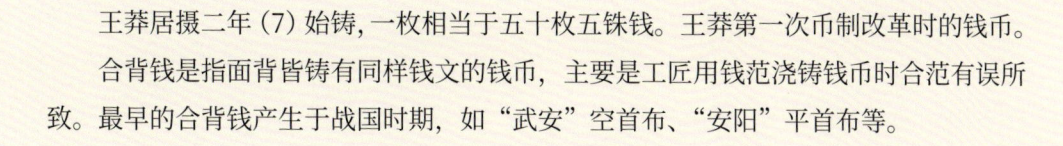

王莽居摄二年（7）始铸，一枚相当于五十枚五铢钱。王莽第一次币制改革时的钱币。

合背钱是指面背皆铸有同样钱文的钱币，主要是工匠用钱范浇铸钱币时合范有误所致。最早的合背钱产生于战国时期，如"武安"空首布、"安阳"平首布等。

小泉直一

时代：新莽

质地：铜

重量：0.9 克

尺寸：直径 14.7 毫米，孔宽 3.9 毫米

圆形方孔，背有内外郭。面文"小泉直一"，对读，篆书；光背无文。

王莽始建国元年（9）至二年（10）铸行。

公元 9 年，王莽建立新朝，进行了第二次货币改革，废除"一刀平五千""契刀五百"和五铢钱，保留"大泉五十"，另外发行"小泉直一"以代替五铢钱。与"大泉五十"以"1:50"的比价并行流通。

小布一百

时代：新莽

质地：铜

重量：6.6克

尺寸：长35.2毫米，宽18.6毫米

铲形，平肩、方足、方裆，首部有圆形穿孔，面背均有周郭。面文"小布一百"；面背中央皆有竖纹。

王莽始建国二年（10），王莽推行第三次货币改革，实行所谓"宝货"制，共有"五物六名二十八品"。其中，"布货十品"依次为小布一百、幺布二百、幼布三百、序布四百、差布五百、中布六百、壮布七百、第布八百、次布九百、大布黄千。

幺布二百

时代：新莽

质地：铜

重量：7.0克

尺寸：长37.3毫米，宽19.2毫米

铲形，平肩、方足、方裆，首部有圆形穿孔，面背皆有周郭。面文"幺布二百"；面背中央皆有竖纹。

幼布三百

时代：新莽

质地：汉

重量：9.3 克

尺寸：长 40.8 毫米，宽 21.2 毫米

铲形，平肩，方足，方裆，首部有圆形穿孔，面背皆有周郭。面文"幼布三百"；面背中央皆有竖纹。

序布四百

时代：新莽

质地：铜

重量：9.2 克

尺寸：长 44.3 毫米，宽 21.1 毫米

铲形，平肩，方足，方裆，首部有圆形穿孔，面背皆有周郭。面文"序布四百"；面背中央皆有竖纹。

差布五百

时代：新莽

质地：铜

重量：9.1 克

尺寸：长 44.2 毫米，宽 20.3 毫米

铲形，平肩，方足，方裆，首部有圆形穿孔，面背皆有周郭。面文"差布五百"；面背中央皆有竖纹。

中布六百

时代：新莽

质地：铜

重量：10.9 克

尺寸：长 49.2 毫米，宽 22.0 毫米

铲形，平肩，方足，方裆，首部有圆形穿孔，面背皆有周郭。面文"中布六百"；面背中央皆有竖纹。

壮布七百

时代：新莽

质地：铜

重量：11.0 克

尺寸：长 48.6 毫米，宽 20.9 毫米

铲形，平肩，方足，方裆，首部有圆形穿孔，面背皆有周郭。面文"壮布七百"；面背中央皆有竖纹。

第布八百

时代：新莽

质地：铜

重量：16.0 克

尺寸：长 52.5 毫米，宽 22.7 毫米

铲形，平肩，方足，方裆，首部有圆形穿孔，面背皆有周郭。面文"第布八百"；面背中央皆有竖纹。

次布九百

时代：新莽

质地：铜

重量：13.5 克

尺寸：长 53.8 毫米，宽 21.8 毫米

铲形，平肩，方足，方裆，首部有圆形穿孔，面背皆有周郭。面文"次布九百"；面背中央皆有竖纹。

大布黄千

时代：新莽

质地：铜

重量：14.7 克

尺寸：长 57.2 毫米，宽 23.6 毫米

铲形，平肩、方足、方裆，首部有圆形穿孔，面背皆有周郭。面文"大布黄千"；面背中央皆有竖纹。

货泉

时代：新莽

质地：铜

重量：3.6 克

尺寸：直径 22.3 毫米，孔宽 6.9 毫米

圆形方孔。面文"货泉"，篆书（悬针篆）；光背无文。

  王莽天凤元年（14）始铸，恢复铸行五铢钱后被废止。

  天凤元年（14），王莽推行第四次货币改革，废除了第二、三次货币改革中发行的大小钱，推出"货泉"和"货布"两种新钱，同时"大泉五十"继续流通。

货布

时代：新莽

质地：铜

重量：17.8 克

尺寸：长 58.1 毫米，宽 22.2 毫米

铲形，平肩，方足，方裆，首部有圆形穿孔，面背皆有周郭。面文"货布"，篆书（悬针篆）；面背中央皆有竖纹。

王莽天凤元年（14）始铸。

布泉

时代：新莽

质地：铜

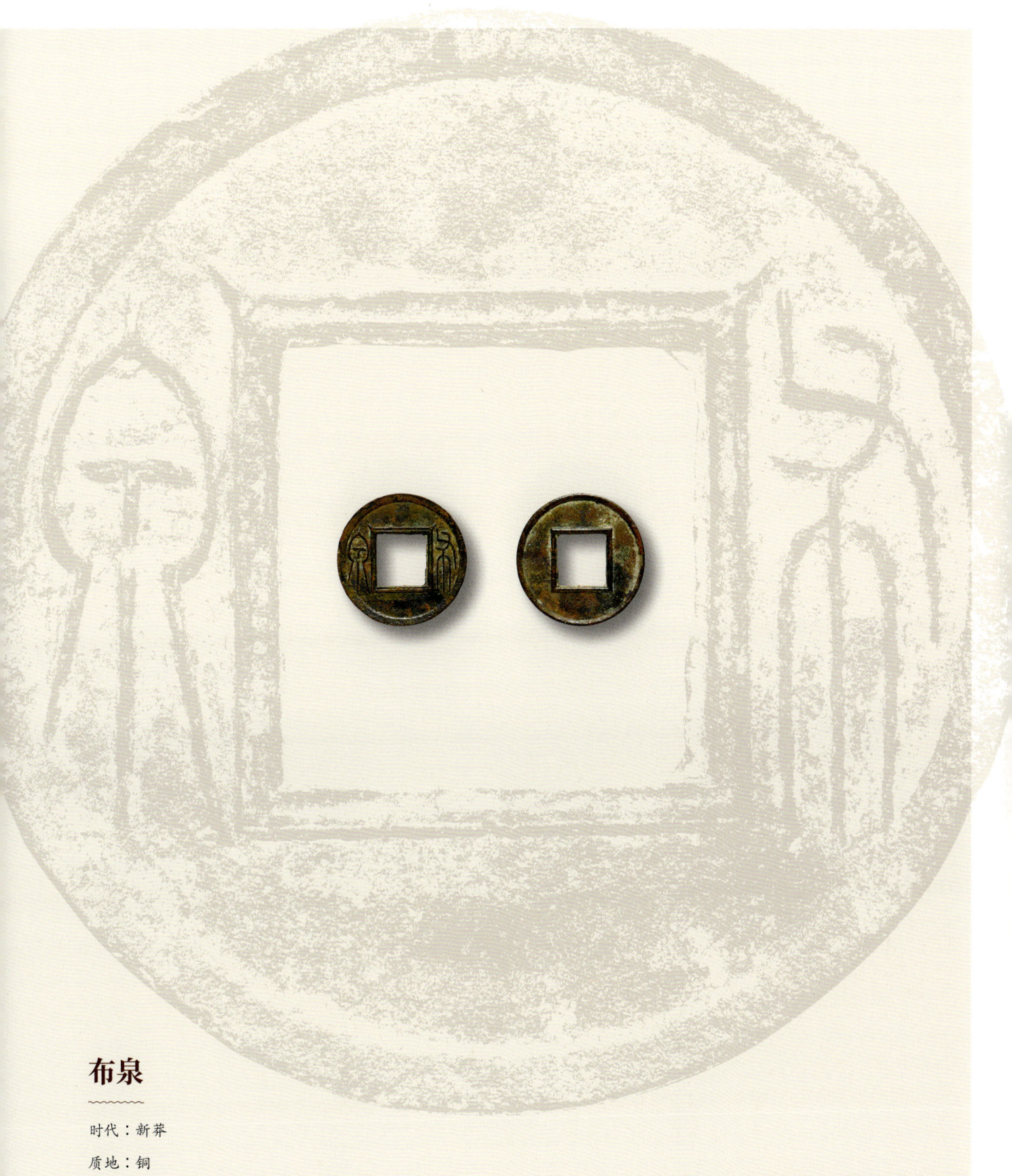

重量：3.4克

尺寸：直径25.8毫米，孔宽9.9毫米

圆形方孔，面背皆有内外郭。面文"布泉"，篆书（悬针篆）；光背无文。

王莽天凤六年（19）始铸。

东汉

四出五铢

时代：东汉

质地：铜

重量：3.5 克

尺寸：直径 25.5 毫米，孔宽 8.8 毫米

圆形方孔。面有外郭，背有内外郭。面文"五铢"，篆书；背内郭四角各有一条斜纹连接外郭。

东汉灵帝刘宏中平三年（186）始铸，其钱形、钱文与东汉早中期"更始五铢""建武五铢"的钱形、钱文相近，特殊之处在于其钱背内郭四角各有一道斜纹连接外郭，亦称"角钱"。

东汉光武帝刘秀建武十六年（40），彻底废止王莽所铸造的各种货币，恢复铸行五铢钱。东汉早期铸有"更始五铢""建武五铢"，钱形、钱文与西汉五铢稍有差异。

剪轮五铢

时代：东汉

质地：铜

重量：1.1 克

尺寸：直径 18.0 毫米，孔宽 9.6 毫米

圆形方孔。面文"五朱"，篆书；光背无文。

　　东汉晚期，政局动荡，经济凋敝，出现了剪轮五铢、綖环五铢等劣质钱币。剪轮五铢是指边廓连同部分钱肉被剪去的五铢钱。

綖环五铢

时代：东汉

质地：铜

重量：2.2 克

尺寸：直径 25.5 毫米，内径 17.0 毫米

圆形圆孔。面文"五铢"，因被錾凿而不完整，但依稀可见。

　　綖环五铢是指对流通中的五铢钱，从其中间钱孔四周錾凿一圈，形成外郭相同、内孔特大的异型货币。

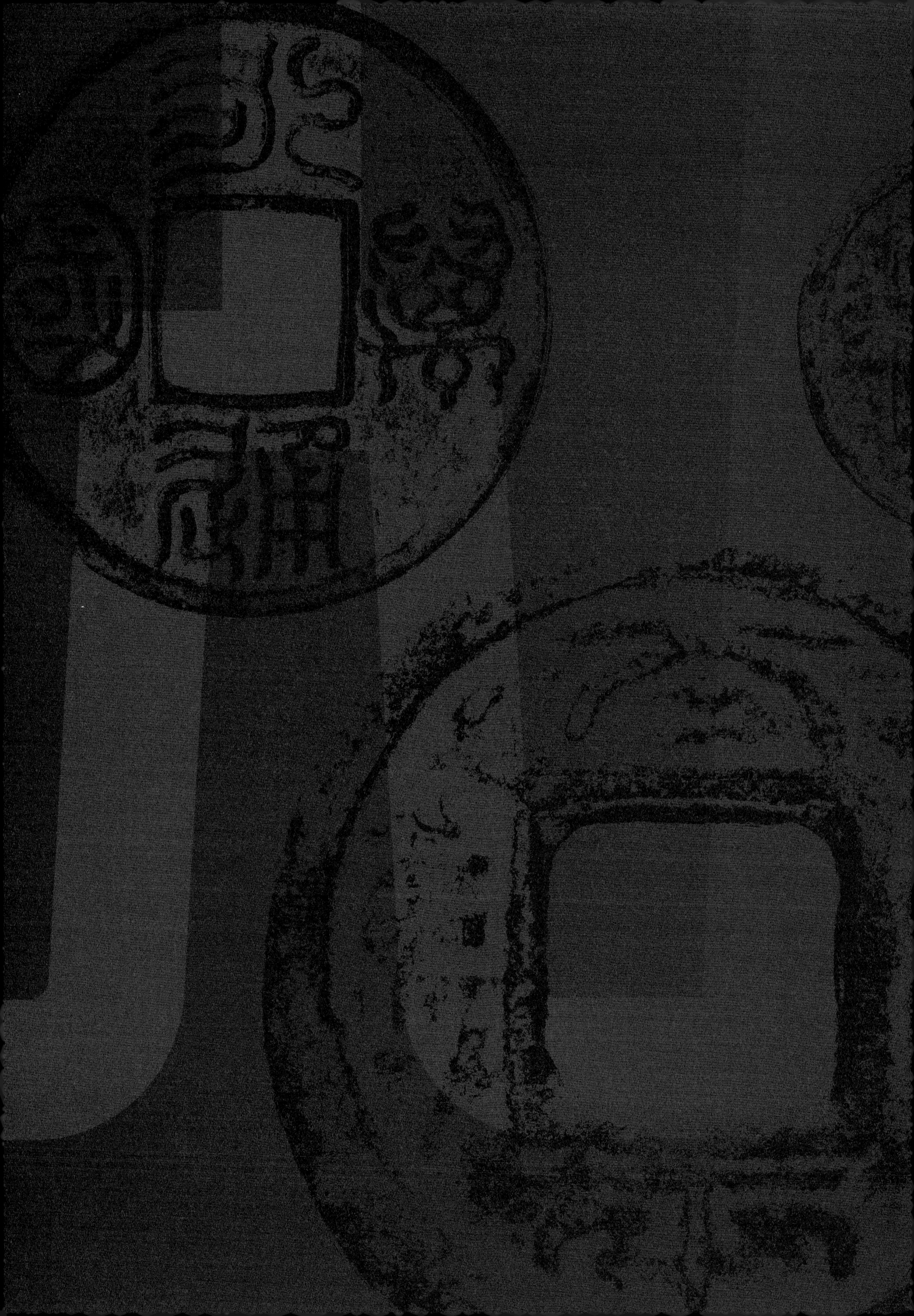

叁 三国两晋南北朝货币

三国两晋南北朝（220—589）是中国历史上政权更迭最频繁的时期之一，主要分为魏、蜀、吴三个政权以及随后的西晋、东晋和南北朝时期，历时近400年。

三国两晋南北朝是中国货币史上由铢两体系向唐宋宝文钱制发展的重要过渡期。由于长期的封建割据和连绵不断的战争，该时期货币形制、文字呈现多样化特征，开始出现一些不以重量命名的国号钱、年号钱及吉语钱。

本书从馆藏藏品中遴选蜀国钱币5枚、吴国钱币2枚、十六国钱币2枚、南朝钱币3枚、北朝钱币6枚，包括"大泉当千""太清丰乐""永通万国"等珍贵钱币。

三国·蜀

犍为五铢

时代：三国·蜀

质地：铜

重量：8.9 克

尺寸：直径 27.2 毫米，孔宽 7.8 毫米

圆形方孔。面文"直百五铢"，对读，"直百"为隶书，"五铢"为篆书；背文"为"，篆书。

  东汉献帝刘协建安十九年（214），刘备蜀汉政权所铸，一枚等同于一百枚五铢钱。背文"为"字指犍为，地名，即益州犍为郡所铸，俗称"犍为五铢"。犍为五铢是目前所知最早铸有地名以及两面铸有文字的圆形方孔钱，也是在钱文中首次出现隶书的钱币。另还有光背"直百五铢"。

直百

时代：三国·蜀

质地：铜

重量：1.9 克

尺寸：直径 18.2 毫米，孔宽 7.1 毫米

圆形方孔。面文"直百"，隶书；光背无文。

一枚等同于一百枚五铢钱，实际上是减重过甚的虚值小钱。

直一

时代：三国·蜀

质地：铜

重量：0.4 克

尺寸：直径 11.3 毫米，孔宽 7.1 毫米

圆形方孔。面文"直一"，隶书；光背无文。

一枚等同于一枚五铢钱。

定平一百

时代：三国·蜀

质地：铜

重量：0.9 克

尺寸：直径 16.1 毫米，孔宽 6.7 毫米

圆形方孔。面文"定平一百"，对读，篆书；光背无文。

太平百金

时代：三国·蜀

质地：铜

重量：4.6 克

尺寸：直径 24.4 毫米，孔宽 9.8 毫米

圆形方孔。面文"太平百金"，对读，篆书；背有水波纹。

东汉献帝建安十九年（214），刘备蜀汉政权入川后期铸行。

三国·吴

大泉五百

时代：三国·吴

质地：铜

重量：6.3 克

尺寸：直径 28.6 毫米，孔宽 8.4 毫米

圆形方孔。面文"大泉五百"，对读，篆书；光背无文。

三国孙权东吴政权嘉禾五年（236）始铸，赤乌九年（246）被废止流通。

大泉当千

时代：三国·吴

质地：铜

重量：9.0 克

尺寸：直径 33.6 毫米，孔宽 10.8 毫米

圆形方孔。面文"大泉当千"，旋读，篆书；光背无文。

三国东吴政权赤乌元年（238）始铸，赤乌九年（246）被废止流通。一枚等同于一千枚五铢钱，实际上是减重过甚的虚值大钱。

十六国

丰货

时代：十六国·后赵

质地：铜

重量：3.8 克

尺寸：直径 24.8 毫米，孔宽 9.2 毫米

圆形方孔。面文"丰货"，篆书；光背无文。

十六国后赵赵王石勒元年（319）始铸。因钱文寓意吉祥、富有，故后世又称之为"富钱"。

汉兴

时代：十六国·成汉

质地：铜

重量：0.4 克

尺寸：直径 16.0 毫米，孔宽 5.9 毫米

圆形方孔。面文"汉兴"，隶书，竖读；光背无文。

十六国成汉政权昭文帝李寿汉兴元年（338）始铸，是我国历史上最早以帝王年号为钱文的钱币。其钱文排列分横、竖两种。

（实物放大 661%）

南朝

孝建四铢

~~~~~~~~

时代：南朝·宋

质地：铜

重量：1.0 克

尺寸：直径 21.1 毫米，孔宽 9.4 毫米

圆形方孔。面文"孝建"；背文"四铢"。面背文均为薤叶篆。

南朝刘宋政权孝武帝刘骏孝建元年（454）始铸。

太清丰乐

时代：南朝·梁

质地：铜

重量：2.3 克

尺寸：直径 23.1 毫米，孔宽 7.5 毫米

圆形方孔。面文"太清丰乐"，篆书，对读；光背无文。

南朝梁武帝萧衍太清年间（547—549）铸行。"太清"为年号，"丰乐"为吉语，寓意年丰民乐。

太货六铢

时代：南朝·陈
质地：铜
重量：2.6克
尺寸：直径25.0毫米，孔宽8.0毫米
圆形方孔。面文"太货六铢"，篆书，对读；光背无文。

　　南朝陈宣帝陈顼太建十一年（579）始铸，是南朝钱中最为精美的钱币。其中"六"字宛若人以手叉腰，被民间讹言为"叉腰哭天子"，即为皇帝哭丧，以致"其货不行，民仍用旧钱交易"。

北朝

太和五铢

时代：北朝·北魏

质地：铜

重量：2.2 克

尺寸：直径 24.2 毫米，孔宽 8.4 毫米

圆形方孔。面文"太和五铢"，其中"五铢"为篆书，"太和"为隶书，对读；光背无文。

北朝北魏孝文帝拓跋宏（元宏）太和十九年（495）始铸。

永安五铢

时代：北朝·北魏

质地：铜

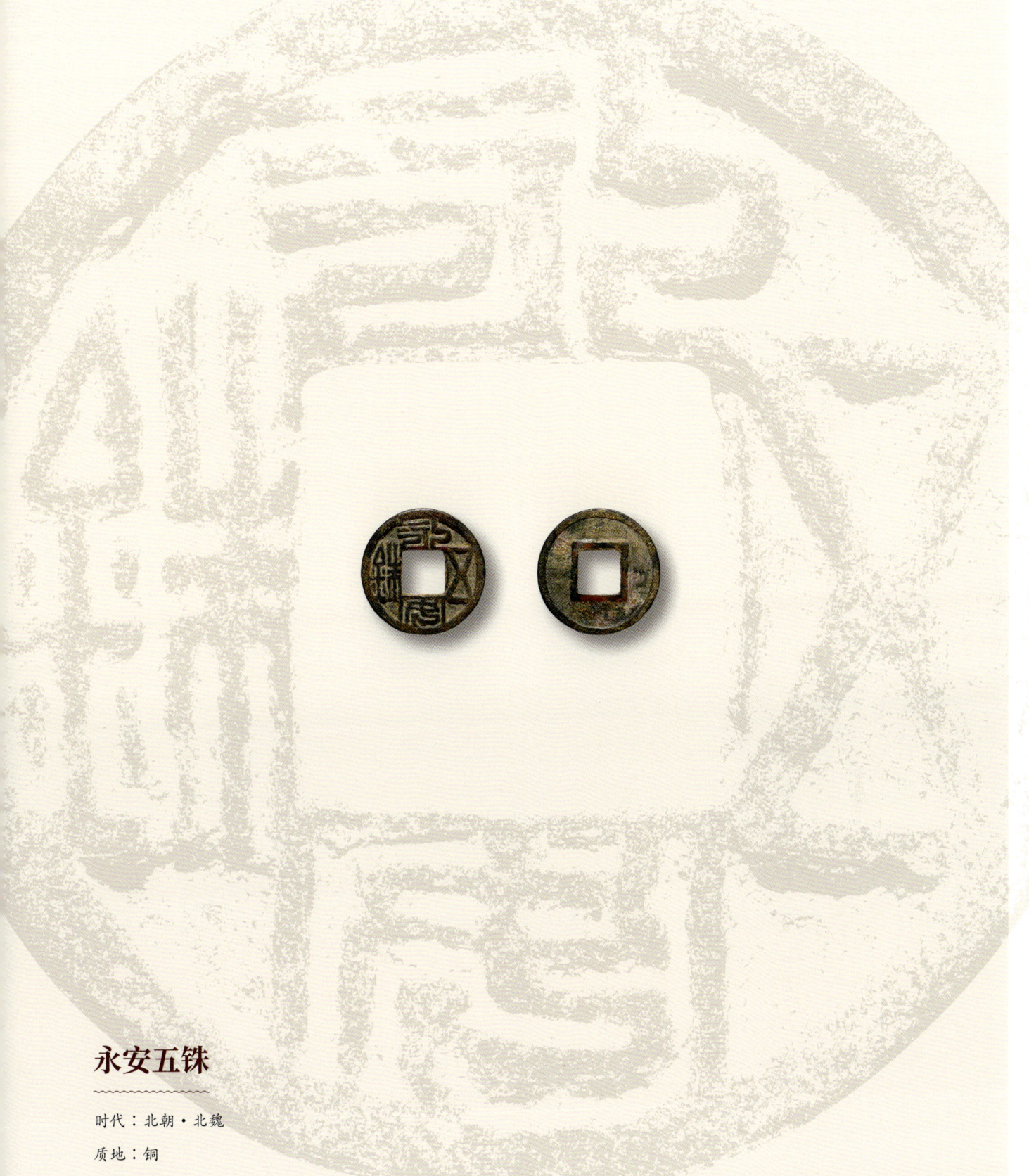

重量：3.1 克

尺寸：直径 24.0 毫米，孔宽 8.2 毫米

圆形方孔。面文"永安五铢"，篆书，对读；光背无文。

北朝北魏孝庄帝元子攸永安二年（529）始铸。

常平五铢

时代：北朝·北齐

质地：铜

重量：3.6克

尺寸：直径24.4毫米，孔宽8.4毫米

圆形方孔。面文"常平五铢"，篆书，对读；光背无文。

北齐文宣帝高洋天保四年（553）始铸。

布泉

时代：北朝·北周
质地：铜
重量：3.6 克
尺寸：直径 24.4 毫米，孔宽 8.4 毫米
圆形方孔。面文"布泉"，玉箸篆，对读；光背无文。

　　北朝北周武帝宇文邕保定元年（561）始铸。与新莽"悬针篆"布泉有别，其"泉"字中竖不断，一枚当五枚五铢钱。
　　北周建立以后，进行了一次货币改革，先后铸行了"布泉""五行大布"和"永通万国"三种金属铸币，合称"北周三品"。钱文皆为玉箸篆，铸造精美工整。

五行大布

时代：北朝·北周

质地：铜

重量：3.7 克

尺寸：直径 27.2 毫米，孔宽 7.4 毫米

圆形方孔。面文"五行大布"，玉箸篆，对读；光背无文。

北朝北周武帝建德三年（574）始铸，与布泉并行，一枚当布泉十枚。

永通万国

时代：北朝·北周

质地：铜

重量：5.2 克

尺寸：直径 30.2 毫米，孔宽 8.3 毫米

圆形方孔。面文"永通万国"，玉箸篆，对读；光背无文。

北朝北周静帝宇文阐大象元年（579）始铸，一枚当十枚五行大布。钱文篆书华丽，被认为是魏晋以来钱中之冠。

肆 隋唐五代十国货币

隋（581—618）是中国古代上承南北朝，下启唐宋的统一王朝，历时近40年。唐（618—907）是继隋朝之后的大一统中原王朝，历时近300年。五代十国（907—979）是中国历史上一段大分裂时期，战乱不断、民不聊生，历时70余年。

隋以五铢钱通行全国。为推广新钱、保证质量，朝廷明文规定铸行统一标准的五铢钱。唐是中国货币制度发生重大变革的时期。武德四年（621）铸行"开元通宝"钱，开元通宝开启了宝文钱制的新纪元，使二十四铢为一两的等价关系变为十钱为一两，推动了度量衡制的革新与商品经济的发展。五代十国时期各地政权纷纷设炉铸钱，以应付长年征战所带来的财政困难。钱币多杂乱无章，良币和劣币共存，出现大量铅钱和低质量合金钱。

本书从馆藏藏品中遴选隋五铢1枚、唐代钱币29枚、五代十国钱币14枚。其中包括"得壹元宝""天策府宝"等珍贵钱币。

隋

隋五铢

时代：隋
质地：铜
重量：2.5 克
尺寸：直径 22.9 毫米，孔宽 7.7 毫米

圆形方孔，阔缘。面文"五铢"，篆书；光背无文。

隋文帝杨坚开皇元年（581）始铸。公元 581 年，杨坚建立隋王朝，铸行新五铢钱。钱文中"五"字交笔较曲，笔划较细，俗称"曲笔五"。

唐

开元通宝

时代：唐
质地：铜
重量：4.1 克
尺寸：直径 25.3 毫米，孔宽 6.5 毫米
圆形方孔。面文"开元通宝"，隶书，对读；背有仰月纹。

  唐高祖李渊武德四年（621）始铸。钱文据传为书法家欧阳询制词并书写，背有星、月等纹饰。

  "开元通宝"钱每枚重二铢四絫，每十文重一两。从此后代不再称铢絫，而称一钱，一钱即开元通宝一文的重量。这是中国衡法改为十进制的关键。唐钱不再以重量为名称，反而使中国的重量以钱为单位。

  "开元通宝"钱的铸行，废除了使用 700 多年的五铢钱，结束了称量货币时代，开创了我国通宝钱的新时代，直至清末被机器铸造的铜圆取代，延续使用了 1200 多年。从此，货币名称逐渐抽象符号化，是我国货币发展进程中的一个里程碑。

乾封泉宝

时代：唐

质地：铜

重量：4.7 克

尺寸：直径 25.7 毫米，孔宽 6.5 毫米

圆形方孔。面文"乾封泉宝"，隶书，旋读；光背无文。

唐高宗李治乾封元年（666）始铸，是唐代第一枚年号钱。每枚当"开元通宝"钱十枚，行用未足一年即作废。

乾元重宝（重轮）

时代：唐

质地：铜

重量：13.5 克

尺寸：直径 35.3 毫米，孔宽 7.9 毫米

圆形方孔。面文"乾元重宝"，隶书，对读；光背重轮。

唐肃宗李亨乾元二年（759）始铸。

乾元元年（758），为支撑平定安史之乱的巨额经费，兼任铸钱使的第五琦奏请朝廷铸造乾元重宝，为当十大钱，即一枚乾元重宝相当于十枚开元通宝钱。乾元二年（759），在乾元重宝当十钱的基础上，第五琦又奏请铸造了当五十的乾元重宝钱。当五十钱比当十钱稍微加大了重量，加厚了外郭，背面的外郭为双圈，因此当五十的钱又被称为"乾元重轮钱"。乾元重宝是钱文中出现"重宝"的开端。

大历元宝

时代：唐
质地：铜
重量：3.6 克
尺寸：直径 23.4 毫米，孔宽 6.3 毫米
圆形方孔。面文"大历元宝"，隶书，旋读；光背无文。

唐代宗李豫大历年间（766—779）铸行。大历元宝是中国最早的年号元宝钱。

大历元宝、建中通宝应为唐大历、建中年间（766—783）安西都护府在新疆库车地区铸造，供驻军使用的军用货币，其流通使用仅限于库车及其附近地区。

建中通宝

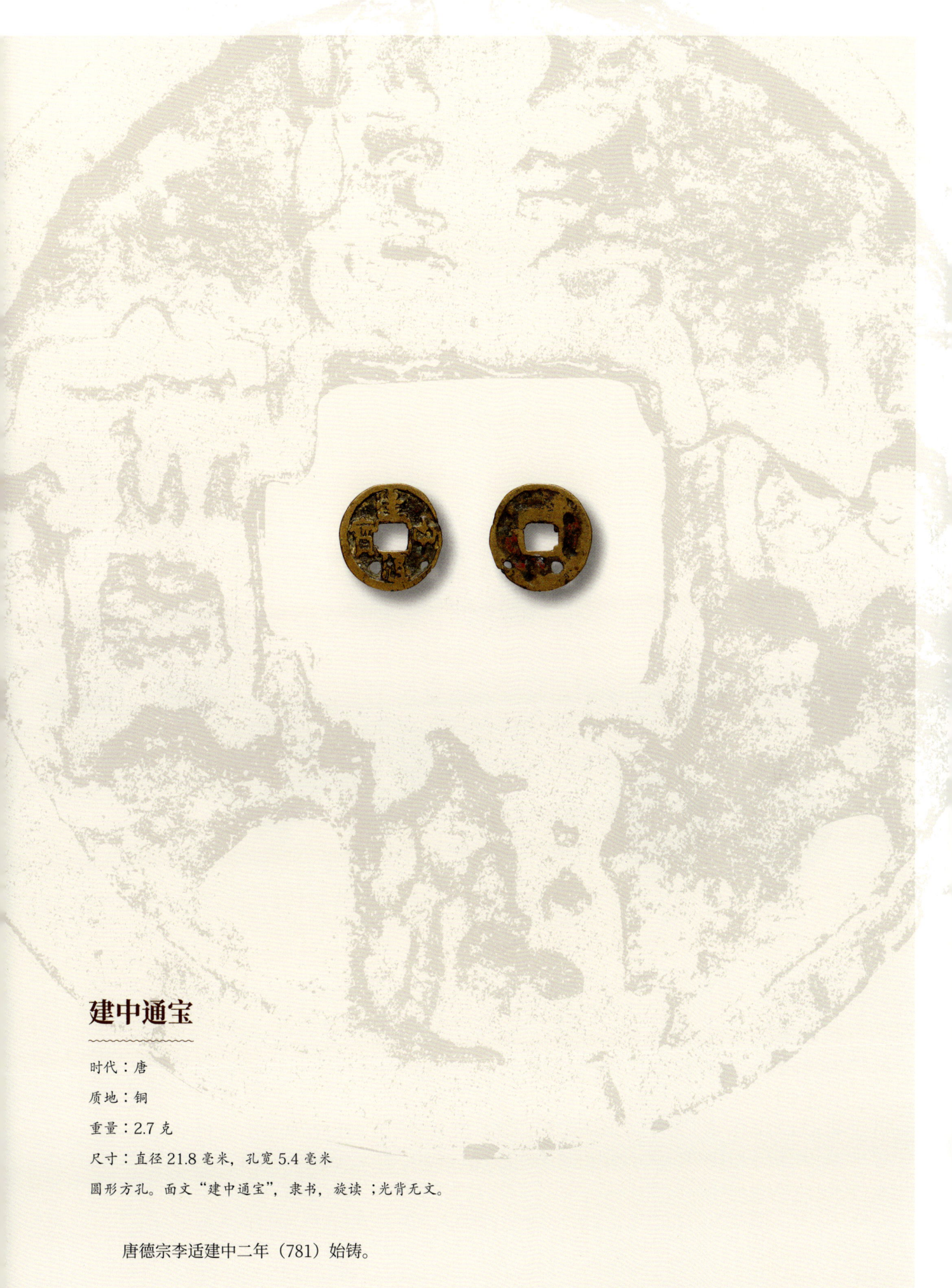

时代：唐

质地：铜

重量：2.7 克

尺寸：直径 21.8 毫米，孔宽 5.4 毫米

圆形方孔。面文"建中通宝"，隶书，旋读；光背无文。

唐德宗李适建中二年（781）始铸。

会昌开元通宝

时代：唐
质地：铜
重量：3.8 克
尺寸：直径 23.4 毫米，孔宽 6.4 毫米

圆形方孔。面文"开元通宝"，隶书，对读。

• 兴平
• 长安
• 汉中
• 三台
• 成都

　　唐朝多个时期都曾铸造开元通宝。唐武宗李炎会昌五年（845），朝廷诏令销毁寺院的佛像、钟、磬等器物，以此为原料铸钱，扬州节度使李绅在钱背加"昌"字以纪年号，各地则以州郡名为背文，有昌、京（长安）、洛（洛阳）、益（成都）、荆（江陵）、襄（襄阳）、蓝（蓝田）、越（绍兴）、宣（宣城）、洪（南昌）、潭（长沙）、兖（兖州）、润（镇江）、鄂（武汉）、平（昌黎）、兴（兴平）、梁（汉中）、广（广州）、梓（三台）、福（福州）、桂（桂阳）、丹（晋城）、永（零陵）等二十三种。这类"开元通宝"因均铸造于唐代会昌年间，后世称为"会昌开元"。会昌开元见证了佛教史上的一次重大劫难，即唐武宗灭佛事件。

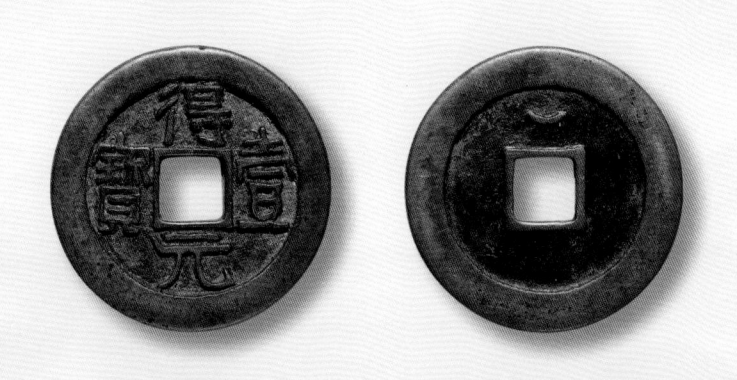

得壹元宝

时代：唐

质地：铜

重量：21.6 克

尺寸：直径 38.1 毫米，孔宽 8.2 毫米

圆形方孔。面文"得壹元宝"，隶书，旋读；背仰月纹。

唐肃宗李亨乾元二年（759），史思明称帝，国号大燕，建元顺天。唐肃宗上元元年（760），史思明攻陷洛阳，销毁佛像先后铸造"得壹元宝"和"顺天元宝"，以一当百枚开元通宝钱。

顺天元宝

时代：唐

质地：铜

重量：20.5 克

尺寸：直径 38.1 毫米，孔宽 8.1 毫米

圆形方孔。面文"顺天元宝"，隶书，旋读；背仰月纹。

唐肃宗李亨上元元年（760）史思明在洛阳铸行，以一当百枚开元通宝钱。

五代十国

天福元宝

时代：五代·后晋
质地：铜
重量：2.2 克
尺寸：直径 20.5 毫米，孔宽 6.1 毫米
圆形方孔。面文"天福元宝"，隶书，旋读；光背无文。

　　五代后晋高祖石敬瑭天福三年(938)铸行。天福元宝公私杂铸，版别复杂，文字模糊，轻重不一。

　　五代十国时期，中国再次陷入分裂割据状态，各个割据政权纷纷铸行钱币。时间虽短，但钱币种类较多，多铁钱、铅钱，且大钱多。因都是地方性货币，流通范围小。

汉元通宝

时代：五代·后汉
质地：铜
重量：3.1 克
尺寸：直径 24.3 毫米，孔宽 6.9 毫米
圆形方孔。面文"汉元通宝"，隶书，对读；光背无文。

　　五代后汉隐帝刘承祐乾祐元年（948）铸行。"汉元通宝"的形制与书法均仿自开元通宝钱，"文字坦白，制作颇精"。

周元通宝

时代：五代·后周
质地：铜
重量：4.5 克
尺寸：直径 24.5 毫米，孔宽 6.0 毫米
圆形方孔。面文"周元通宝"，隶书，旋读；背下星。

　　五代后周世宗柴荣显德二年（955）始铸。周世宗继位后，诏令毁佛寺 3336 所，取铜像改铸"周元通宝"钱。

天策府宝

时代：十国·楚

质地：铜

重量：39.4 克

尺寸：直径 40.3 毫米，孔宽 8.1 毫米

圆形方孔。面文"天策府宝"，隶书，旋读；光背无文。

五代十国时期，楚国马殷于后梁乾化元年（911）铸行。后梁太祖朱温开平四年（910）开天策府，册封楚地割据势力马殷为武穆王，号天策上将军。乾化元年（911）马殷铸"天策府宝"钱以为纪念。

93

（楚）乾封泉宝

时代：十国·楚

质地：铁

重量：25.9 克

尺寸：直径 38.7 毫米，孔宽 7.5 毫米

圆形方孔。面文"乾封泉宝"，隶书，旋读；背文"天"，隶书。

  五代十国时期楚国马殷所铸，沿用唐代"乾封泉宝"钱名，但在形制和钱文上均与唐代乾封泉宝不同，背多有文，如"天""天府""策""天策"等。

  五代十国时期，由于铜原料缺乏，不少割据政权都曾用贱金属铁、铅来铸造钱币。

（闽）开元通宝

时代：十国·闽

质地：铅

重量：4.0 克

尺寸：直径 22.4 毫米，孔宽 6.4 毫米

圆形方孔。面文"开元通宝"，隶书，对读；背文"闽"，隶书。

　　五代十国时期闽国铸币，有铜、铁、铅三种质地。

　　后梁开平三年（909），太祖朱温封王审知为闽王，后王审知自行铸钱，钱文仍沿用唐代"开元通宝"名称。后梁贞明元年（915）汀州宁化县出铅，置铅场；贞明二年（916）铸铅钱，与铜钱并行。后又在后梁龙德二年（922）铸大铁钱。

通正元宝

时代：十国·前蜀

质地：铜

重量：3.0 克

尺寸：直径 23.1 毫米，孔宽 6.3 毫米

圆形方孔。面文"通正元宝"，隶书，旋读；光背无文。

五代十国时期前蜀高祖王建通正元年（916）始铸。

前蜀高祖王建在位十二年，共铸五种钱币，均以年号为钱文，另外四种为"武成元宝""永平元宝""天汉元宝"和"光天元宝"。

乾德元宝

时代：十国·前蜀
质地：铜
重量：3.0 克
尺寸：直径 24.1 毫米，孔宽 6.7 毫米
圆形方孔。面文"乾德元宝"，隶书，旋读；光背无文。

五代十国时期前蜀后主王衍乾德年间（919—924）铸行。

咸康元宝

时代：十国·前蜀
质地：铜
重量：3.6 克
尺寸：直径 22.7 毫米，孔宽 5.6 毫米
圆形方孔。面文"咸康元宝"，隶书，旋读；光背无文。

五代十国前蜀后主王衍咸康元年（925）始铸。

乾亨重宝

时代：十国·南汉

质地：铅

重量：6.1 克

尺寸：直径 26.0 毫米，孔宽 7.7 毫米

圆形方孔。面文"乾亨重宝"，隶书，对读；光背无文。

五代十国时期南汉高祖刘䶮乾亨年间（917—925）铸行，有铜、铅两种质地。

唐国通宝（对钱）

时代：十国·南唐

质地：铜

重量：4.3 克；2.8 克

尺寸：①直径 25.2 毫米，孔宽 5.5 毫米

②直径 23.7 毫米，孔宽 5.4 毫米

圆形方孔。面文"唐国通宝"，钱文依次为楷书、篆书，对读；光背无文。

五代十国南唐元宗李璟交泰元年（958）始铸，国号钱。唐国通宝是中国最早的对钱，为宋代对钱的兴起奠定了基础。

对钱指钱文相同，质地、形制、轮廓、穿孔基本一致，但钱文书体不同的一组钱币，又称"对书钱""对文钱"。

①

②

大唐通宝

时代：十国·南唐

质地：铜

重量：2.7克

尺寸：直径23.1毫米，孔宽6.1毫米

圆形方孔。面文"大唐通宝"，隶书，旋读；光背无文。

五代十国南唐元宗李璟于后周显德六年（959）始铸。

永安一千

时代：燕

质地：铁

重量：79.6 克

尺寸：直径 58.8 毫米，孔宽 9.3 毫米

圆形方孔。面文"永安一千"，楷书。其面文形制独特，按照右左上下顺序对读；光背无文。

据传为五代十国时期割据幽州的刘仁恭、刘守光父子铸行。

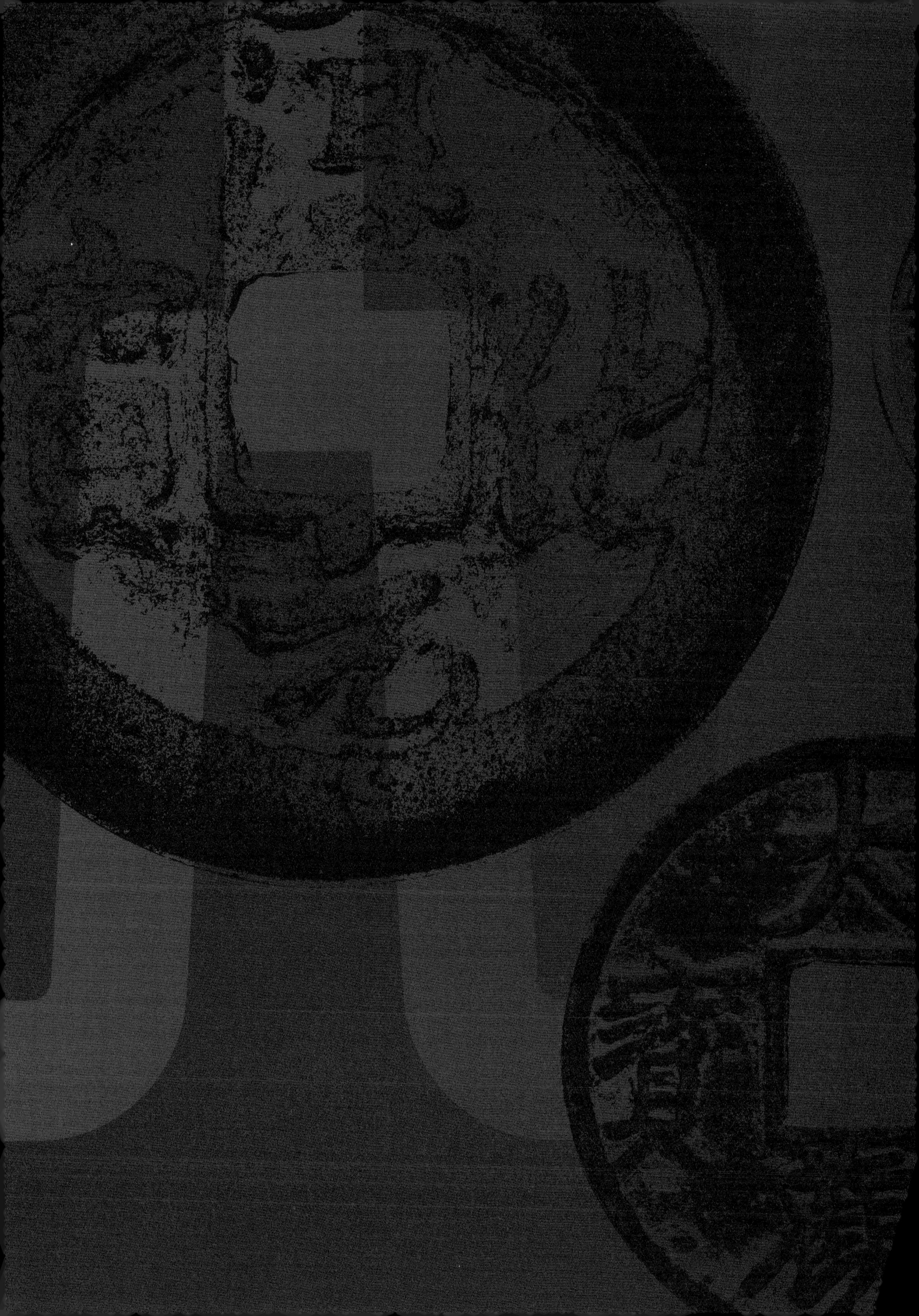

伍 宋代货币

宋（960—1279）分为北宋（960—1127）和南宋（1127—1279），是中国上承五代十国，下启元明清的时代，也是中国古代经济、文化、教育与科学高度繁荣的时代，历时300余年。

宋代商品经济繁盛，钱币种类多样。宋代年号钱成为定制，且分大小、币值，一般都有"小平"（以一当一使用）、"折二"（以一当二使用）等。就币材而言，北宋以铜钱为主，南宋以铁钱为主。

本书从馆藏藏品中遴选北宋钱币33枚、南宋钱币26枚。其中包括"大观通宝（折十）""临安府行用（'准伍佰文省'）钱牌"等珍贵钱币。

北宋

宋元通宝

时代：北宋

质地：铜

重量：4.3 克

尺寸：直径 25.5 毫米，孔宽 5.5 毫米

圆形方孔。面文"宋元通宝"，楷书，对读；光背无文。

宋太祖赵匡胤建隆元年（960）始铸，为宋代开国铸币，国号钱。有小平铜钱、铁钱。

太平通宝

时代：北宋

质地：铜

重量：3.4 克

尺寸：直径 24.5 毫米，孔宽 5.8 毫米

圆形方孔。面文"太平通宝"，隶书，对读；光背无文。

宋太宗赵光义太平兴国年间（976—984）铸行，为宋代的第一种年号钱。有小平等铜钱、铁钱。

年号一般为两个字，而北宋有三个年号为四个字，分别为太宗的太平兴国、真宗的大中祥符、徽宗的建中靖国，分别铸有太平通宝、祥符元宝、祥符通宝和圣宋元宝（国号钱）。

淳化元宝（对钱）

时代：北宋

质地：铜

重量：① 3.2 克；② 4.1 克；③ 4.2 克

尺寸：①直径 24.2 毫米，孔宽 5.4 毫米
　　　②直径 24.4 毫米，孔宽 5.0 毫米
　　　③直径 24.6 毫米，孔宽 5.9 毫米

圆形方孔。面文"淳化元宝"，分别为①楷书、②行书、③草书，旋读；皆光背无文。

宋太宗赵光义淳化元年（990）始铸。有小平、折十等铜钱、铁钱。"淳化元宝"四字由宋太宗赵光义亲笔书写，史称"御书钱"。有楷书、行书、草书三种书体，其中，行书和草书为首次作为钱文书体。淳化元宝开启了皇帝书写钱文、铸造御书钱的先例。

御书钱指皇帝亲笔书写钱文的钱币。北宋的太宗、真宗、徽宗与南宋的高宗、孝宗均铸有御书钱。

①

②

③

107

咸平元宝

时代：北宋

质地：铜

重量：16.8 克

尺寸：直径 32.7 毫米，孔宽 4.0 毫米

圆形方孔，宽缘厚肉。面文"咸平元宝"，楷书，对读；光背无文。

宋真宗赵恒咸平年间（998—1003）铸行。有小平、折二等铜钱，铁钱少见。咸平钱多流通于今四川地区。

景德元宝

时代：北宋
质地：铜
重量：4.2 克
尺寸：直径 24.7 毫米，孔宽 5.3 毫米
圆形方孔。面文"景德元宝"，楷书，旋读；光背无文。

宋真宗赵恒景德年间（1004—1007）铸行。有小平、折二等铜钱，及折五等铁钱。钱文中的"德"字省去一横。

祥符元宝

时代：北宋

质地：铜

重量：3.9 克

尺寸：直径 25.6 毫米，孔宽 5.1 毫米

圆形方孔。面文"祥符元宝"，楷书，旋读；光背无文。

  宋真宗赵恒大中祥符年间（1008—1016）铸行，年号钱。有小平、折二、折三、折十等铜钱、铁钱。

  "大中祥符"年间铸造两种御书年号钱，分别是祥符元宝和祥符通宝，开创了一个年号中元宝、通宝两种钱文并用，两种钱币同时铸造的先例。

祥符通宝

时代：北宋

质地：铜

重量：4.4 克

尺寸：直径 26.1 毫米，孔宽 5.6 毫米

圆形方孔。面文"祥符通宝"，楷书，旋读；光背无文。

  宋真宗赵恒大中祥符年间（1008—1016）铸行，年号钱。仅见小平铜钱。

天禧通宝

时代：北宋

质地：铜

重量：3.7 克

尺寸：直径 25.4 毫米，孔宽 5.8 毫米

圆形方孔。面文"天禧通宝"，楷书，旋读；光背无文。

  宋真宗赵恒天禧年间（1017—1021）铸行。有小平、折二等铜钱、铁钱。天禧通宝既是年号钱也是吉语钱，"天"字由二与人组成，"禧"字有幸福、吉祥之意，"天禧"即"二人示喜"，寓意吉祥。

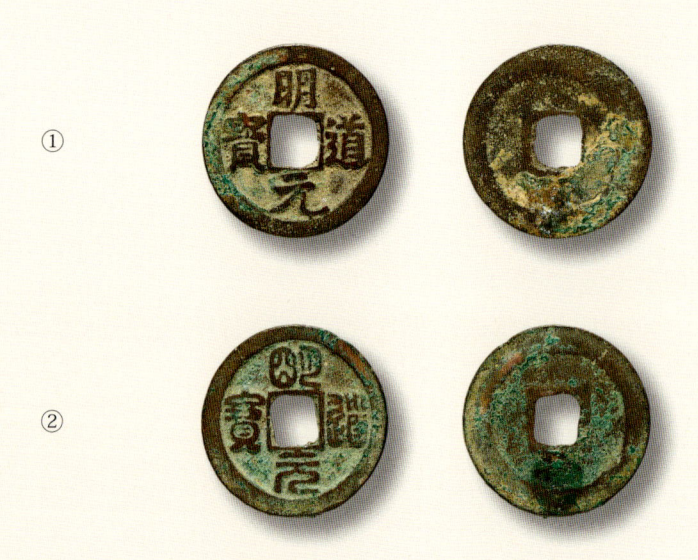

明道元宝（对钱）

时代：北宋

质地：铜

重量：① 3.6 克；② 4.4 克

尺寸：①直径 25.9 毫米，孔宽 6.1 毫米

②直径 25.8 毫米，孔宽 5.8 毫米

圆形方孔，对钱。面文"明道元宝"，①楷书、②篆书，旋读；光背无文。

宋仁宗赵祯明道年间（1032—1033）铸行。有小平铜钱、铁钱。为避刘太后之父刘通讳，宋仁宗时期的天圣、明道、景祐等铸币均只用元宝，而不用通宝。

景祐元宝

年代：北宋

质地：铜

重量：4.2 克

尺寸：直径 25.1 毫米，孔宽 5.3 毫米

圆形方孔。面文"景祐元宝"，楷书，旋读；光背无文。

宋仁宗赵祯景祐年间（1034—1037）铸行。有小平铜钱，折二、折三等铁钱。

皇宋通宝

时代：北宋

质地：铜

重量：3.9 克

尺寸：直径 26.0 毫米，孔宽 6.6 毫米

圆形方孔。面文"皇宋通宝"，篆书，对读；光背无文。

宋仁宗赵祯宝元二年（1039）铸行。有小平、折二等铜钱、铁钱。因其年号有"宝"字，故以国号"皇宋"为钱文，为国号钱。"皇宋通宝"另有九叠篆者，极其珍罕。

宋代铸钱，在钱文中常冠以年号。但当年号中有"元""宝"等字，如北宋仁宗宝元，南宋理宗宝庆、宝祐，钱文则冠以"皇宋""圣宋""大宋"等国号，如皇宋通宝、大宋元宝、皇宋元宝等，均为国号钱。

庆历重宝

时代：北宋

质地：铜

重量：6.8 克

尺寸：直径 29.8 毫米，孔宽 7.8 毫米

圆形方孔。面文"庆历重宝"，楷书，对读；光背无文。

宋仁宗赵祯庆历年间（1041—1048）铸行。有折十铜钱、铁钱。

至和通宝

时代：北宋

质地：铜

重量：3.4 克

尺寸：直径 24.9 毫米，孔宽 6.9 毫米

圆形方孔。面文"至和通宝"，楷书，对读；光背无文。

宋仁宗赵祯至和年间（1054—1056）铸行。有小平铜钱。

至和元宝

时代：北宋

质地：铜

重量：3.3 克

尺寸：直径 23.6 毫米，孔宽 5.8 毫米

圆形方孔。面文"至和元宝"，楷书，旋读；光背无文。

宋仁宗赵祯至和年间（1054—1056）铸行。有小平铜钱。

至和重宝

时代：北宋

质地：铜

重量：7.3 克

尺寸：直径 29.3 毫米，孔宽 6.7 毫米

圆形方孔。面文"至和重宝"，楷书，旋读；光背无文。

宋仁宗赵祯至和年间（1054—1056）铸行。有折二、折三等铜钱、铁钱。折三钱中极少数背文有纪地的"同""虢""坊"等。

治平元宝（对钱）

时代：北宋

质地：铜

重量：① 3.5 克；② 3.3 克

尺寸：①直径 25.4 毫米，孔宽 6.2 毫米
　　　②直径 25.3 毫米，孔宽 6.4 毫米

圆形方孔。面文"治平元宝"，①楷书、②篆书，旋读；均光背无文。

宋英宗赵曙治平年间（1064—1067）铸行。有小平铜钱、铁钱。

熙宁元宝

时代：北宋

质地：铜

重量：3.0 克

尺寸：直径 22.7 毫米，孔宽 5.7 毫米

圆形方孔。面文"熙宁元宝"，楷书，旋读；光背无文。

宋神宗赵顼熙宁年间（1068—1077）铸行，有篆、楷、隶三种字体，其中以背有"衡"字者最为珍罕。有小平铜钱、铁钱。

宋神宗熙宁二年（1069）九月，王安石开始推行变法，在推行新法的熙宁（1068—1077）、元丰（1078—1085）年间，政府积极开矿铸钱，成为我国历史上铸钱最多的时期之一。

熙宁重宝（对钱）

时代：北宋

质地：铜

重量：① 8.7 克；② 6.7 克

尺寸：①直径 29.1 毫米，孔宽 6.1 毫米

②直径 30.6 毫米，孔宽 6.0 毫米

圆形方孔。面文"熙宁重宝"，①楷书、②篆书，旋读；光背无文。

宋神宗赵顼熙宁四年（1071）始铸。初铸时为折十钱，旋即因盗铸严重改为折三，熙宁六年再改为折二。

元丰通宝

时代：北宋

质地：铜

重量：10.0 克

尺寸：直径 28.9 毫米，孔宽 5.6 毫米

圆形方孔。面文"元丰通宝"，行书，旋读；光背无文。

宋神宗赵顼元丰年间（1078—1085）铸行。有小平、折二等铜钱、铁钱。相传楷书元丰通宝的钱文为苏东坡所书，也称"东坡元丰"。

元祐通宝（对钱）

时代：北宋

质地：铜

重量：① 4.0 克；② 3.6 克

尺寸：①直径 24.2 毫米，孔宽 6.6 毫米

②直径 24.2 毫米，孔宽 6.6 毫米

圆形方孔，对钱。面文"元祐通宝"，①行书、②篆书，旋读；均光背无文。

宋哲宗赵煦元祐年间（1086—1094）铸行。有小平、折二等铜钱、铁钱。元祐通宝钱文版别较多，据传各版别钱文分别由司马光、苏轼等书法家所写。

①

②

绍圣元宝

时代：北宋

质地：铜

重量：4.5 克

尺寸：直径 25.4 毫米，孔宽 7.0 毫米

圆形方孔。面文"绍圣元宝"，行书，旋读；光背无文。

宋哲宗赵煦元祐年间（1086—1094）铸行。有小平、折二等铜钱、铁钱。

①

②

圣宋元宝（对钱）

时代：北宋

质地：铜

重量：① 3.8 克；② 3.6 克

尺寸：①直径 24.7 毫米，孔宽 6.6 毫米
　　　②直径 24.9 毫米，孔宽 6.8 毫米

圆形方孔。面文"圣宋元宝"，①行书、②篆书，旋读；均光背无文。

宋徽宗赵佶建中靖国元年（1101）始铸，为国号钱。有小平、折二等铜钱、铁钱。

崇宁通宝

时代：北宋
质地：铜
重量：11.9 克
尺寸：直径 34.3 毫米，孔宽 7.7 毫米
圆形方孔。面文"崇宁通宝"，瘦金体，旋读；光背无文。

　　宋徽宗赵佶崇宁年间（1102—1106）铸行，有小平、折十等铜钱、铁钱。钱文为宋徽宗御书，瘦金体。
　　瘦金体是宋徽宗赵佶所创的一种风格独特的书法字体。宋徽宗时期铸造了多种御书钱，其中以钱文为瘦金体的"崇宁通宝"和"大观通宝"最为著名，因钱文书法艺术精美，钱币铸造技术精湛，被认为是我国古代艺术水准最高的钱币之一。

崇宁重宝

时代：北宋

质地：铜

重量：9.1 克

尺寸：直径 33.4 毫米，孔宽 7.9 毫米

圆形方孔。面文"崇宁重宝"，隶书，对读；光背无文。

宋徽宗赵佶崇宁年间（1102—1106）铸行，有折二、折十等铜钱、铁钱。

大观通宝

时代：北宋

质地：铜

重量：60.7 克

尺寸：直径 65.2 毫米，孔宽 15.9 毫米

圆形方孔。面文"大观通宝"，瘦金体，对读；光背无文。

宋徽宗赵佶大观年间（1107—1110）铸行，有小平、折二、折三、折十等铜钱、铁钱。大观通宝是宋徽宗御书钱中最具代表性的钱币之一。

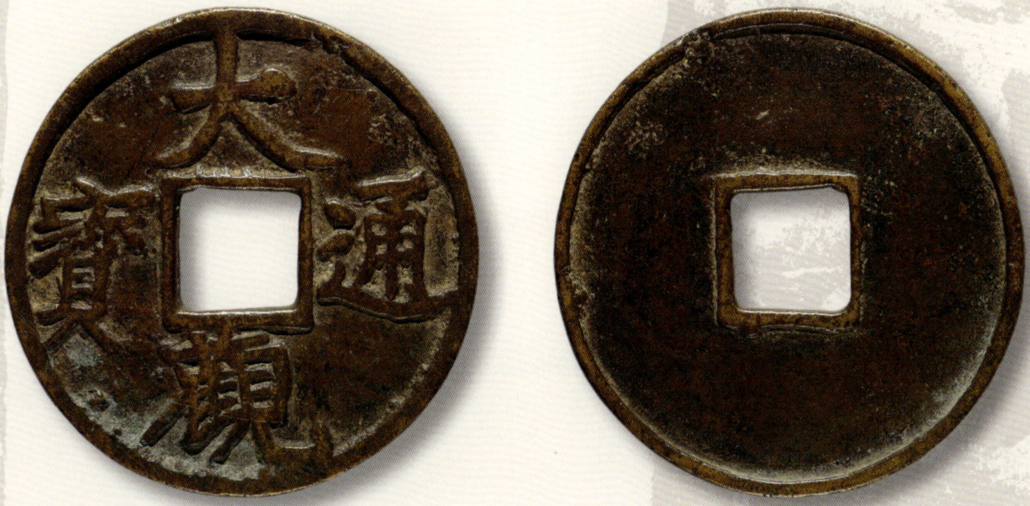
大
順
通
寶

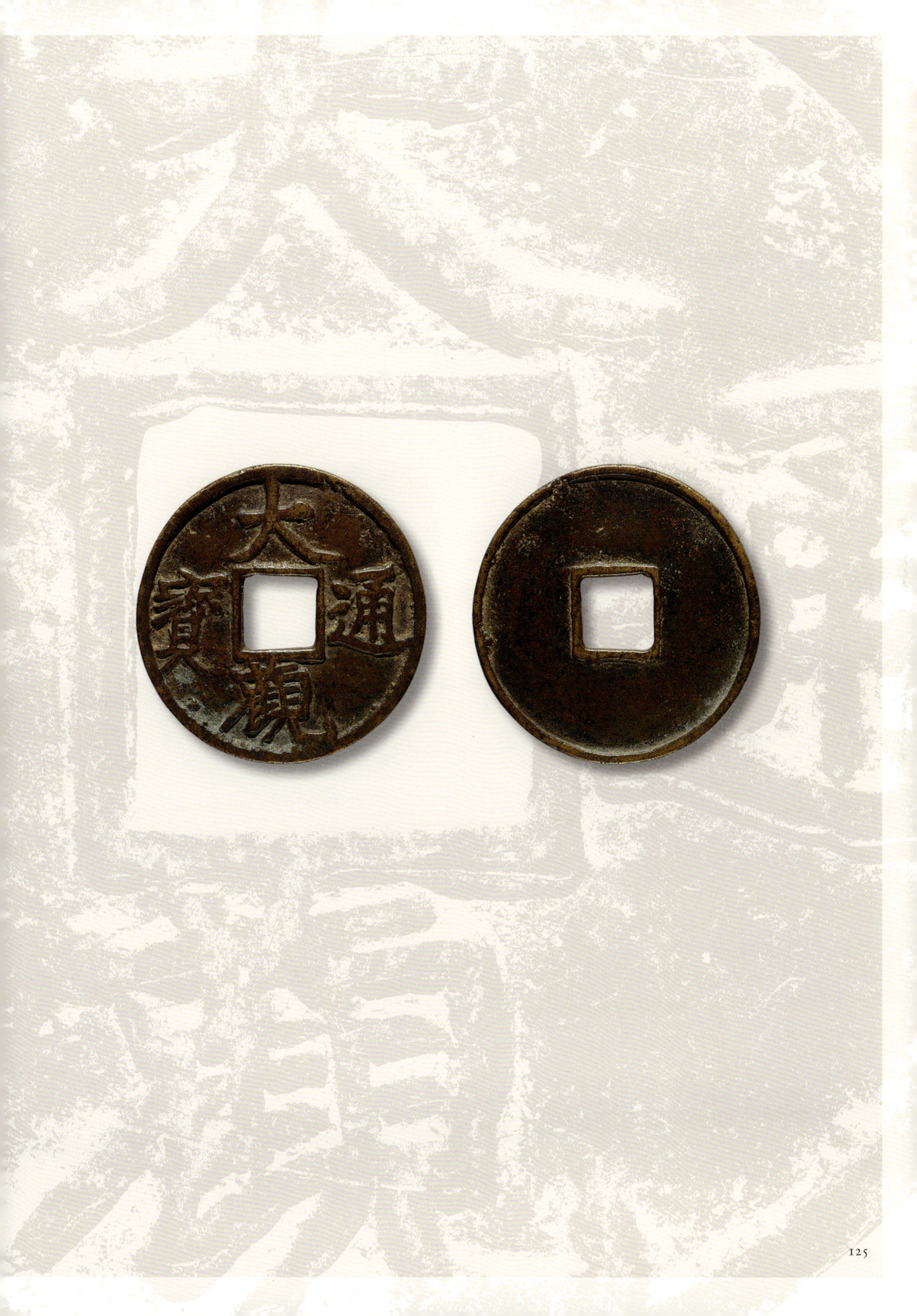

靖康元宝

时代：北宋

质地：铜

重量：7.0 克

尺寸：直径 30.2 毫米，孔宽 6.7 毫米

圆形方孔。面文"靖康重宝"，楷书，对读；光背无文。

宋钦宗赵桓靖康元年（1126）四月始铸。有小平、折二等铜钱、铁钱。除靖康元宝外，还铸有靖康通宝。

南宋

建炎通宝

时代：南宋

质地：铜

重量：8.4 克

尺寸：直径 31.9 毫米，孔宽 6.6 毫米

圆形方孔，面文"建炎通宝"，篆书，对读；光背无文。

　　宋高宗赵构建炎元年（1127）始铸。有小平、折二、折三等铜钱、铁钱。建炎时期铸有通宝、重宝、元宝三种钱币，其中建炎元宝较为珍罕。

建炎重宝

时代：南宋

质地：铜

重量：8.2 克

尺寸：直径 33.7 毫米，孔宽 8.6 毫米

圆形方孔。面文"建炎重宝"，篆书，对读；光背无文。

　　宋高宗赵构建炎元年（1127）始铸。仅有折三铜钱。

绍兴通宝

时代：南宋

质地：铜

重量：5.9 克

尺寸：直径 29.3 毫米，孔宽 7.9 毫米

圆形方孔。面文"绍兴通宝"，楷书，对读；光背无文。

宋高宗赵构绍兴年间（1131—1162）铸行。有小平、折二、折五、折十等铜钱、铁钱。

绍兴元宝

时代：南宋

质地：铜

重量：6.6 克

尺寸：直径 29.0 毫米，孔宽 7.4 毫米

圆形方孔。面文"绍兴元宝"，篆书，旋读；背有仰月纹。

宋高宗赵构绍兴年间（1131—1162）铸行。有小平、折二等铜钱。

淳熙通宝

时代：南宋

质地：铁

重量：7.5 克

尺寸：直径 27.7 毫米，孔宽 6.8 毫米

圆形方孔。面文"淳熙通宝"，楷书，旋读；背文"□""十三"，楷书。

宋孝宗赵昚淳熙十三年（1186）铸行。有小平、折二、折三等铜钱、铁钱。

淳熙年间（1174—1189）铸淳熙通宝、淳熙元宝，分别有铁、铜二种质地，篆、隶、楷三种书体。

淳熙七年（1180）起不再铸对钱，而在钱背上铸明年份，并出现纪监名、纪地名、纪值等文字。钱文书体逐渐以宋体楷书为主。

淳熙元宝

时代：南宋

质地：铜

重量：3.6 克

尺寸：直径 24.2 毫米，孔宽 6.5 毫米

圆形方孔。面文"淳熙元宝"，楷书，旋读；背文"十五"，楷书。

宋孝宗赵昚淳熙元年至淳熙十六年（1174—1189）所铸。有小平、折二、折三等铜钱、铁钱。淳熙元宝自淳熙七年（1180）起，背文添加纪年，有"柒"至"十六"字样，代表淳熙七年至淳熙十六年。该枚淳熙元宝背"十五"，为淳熙十五年铸。

绍熙通宝

时代：南宋

质地：铁

重量：4.3 克

尺寸：直径 24.7 毫米，孔宽 5.7 毫米

圆形方孔。面文"绍熙通宝"，篆书，对读；背文"春""三"，篆书。

宋光宗赵惇绍熙年间（1190—1194）铸行。有小平、折二、折三、折五等铜钱、铁钱。背文纪年自元至五。

北宋时，铁钱仅通行于四川、陕西、河东等地。南宋时，因铜料匮乏、国用不足，铁钱逐渐推行至安徽、江苏境内。政府从中获取厚利，但以铜换铁的百姓却损失惨重。

绍熙元宝

时代：南宋

质地：铜

重量：6.6 克

尺寸：直径 29.0 毫米，孔宽 7.2 毫米

圆形方孔。面文"绍熙元宝"，楷书，旋读；背文纪年"五"，楷书。

宋光宗赵惇绍熙年间（1190—1194）铸行。有小平、折二、折三等铜钱、铁钱。

庆元通宝

时代：南宋
质地：铜
重量：10.0 克
尺寸：直径 33.5 毫米，孔宽 7.0 毫米
圆形方孔。面文"庆元通宝"，楷书，旋读；背文"六"，楷书。

　　宋宁宗赵扩庆元六年（1200）始铸。有小平、折二、折三等铜钱、铁钱。背文纪年自元至七。

嘉泰通宝

时代：南宋

质地：铁

重量：6.6 克

尺寸：直径 30.2 毫米，孔宽 7.1 毫米

圆形方孔。面文"嘉泰通宝"，楷书，对读；背文"元"，楷书。

宋宁宗赵扩嘉泰元年（1201）始铸。有小平、折二、折三等铜钱、铁钱。背文纪年自元至四。

开禧通宝

时代：南宋

质地：铁

重量：7.0 克

尺寸：直径 28.0 毫米，孔宽 5.0 毫米

圆形方孔。面文为"开禧通宝"，楷书，旋读；背文"三"，楷书。

宋宁宗赵扩开禧三年（1207）始铸。有小平、折二等铜钱、铁钱。背文纪年自元至三。

开禧元宝

时代：南宋

质地：铁

重量：10.0 克

尺寸：直径 31.9 毫米，孔宽 8.4 毫米

圆形方孔。面文为"开禧元宝"，楷书，旋读；光背无文。

宋宁宗赵扩开禧年间（1205—1207）铸行，有小平、折三铁钱，无铜钱。

嘉定元宝

时代：南宋

质地：铜

重量：33.6 克

尺寸：直径 51.0 毫米，孔宽 11.3 毫米

圆形方孔。面文"嘉定元宝"，楷书，旋读；背文"折十"，楷书。

　　宋宁宗赵括嘉定年间（1208—1224）铸行。有小平、折二、折五、折十等铜钱、铁钱。

　　嘉定年间（1208—1224）所铸嘉定钱众多，钱文复杂，名目繁多，有嘉定通宝、元宝、崇宝、永宝、真宝、新宝、隆宝、泉宝、正宝、洪宝、万宝、之宝、珍宝、兴宝、重宝、至宝、封宝等，多达二十余种，反映出南宋嘉定年间的货币混乱状况。

嘉定之宝

时代：南宋

质地：铁

重量：12.9 克

尺寸：直径 35.6 毫米，孔宽 9.5 毫米

圆形方孔。面文"嘉定之宝"，楷书，旋读；背文"□""三"，楷书。

宋宁宗赵扩嘉定年间（1208—1224）铸行。有折二、折三等铁钱。

嘉定兴宝

时代：南宋

质地：铁

重量：10.9 克

尺寸：直径 34.0 毫米，孔宽 9.2 毫米

圆形方孔。面文"嘉定兴宝"，楷书，旋读；背文"□""五"，楷书。

宋宁宗赵扩嘉定年间（1208—1224）铸行。有折三、折五等铁钱。

大宋元宝

时代：南宋

质地：铜

重量：5.8 克

尺寸：直径 28.8 毫米，孔宽 7.1 毫米

圆形方孔。面文"大宋元宝"，楷书，旋读；背文"元"，楷书。

宋理宗赵昀宝庆元年（1225）始铸，为国号钱。有小平、折二、折三等铜钱、铁钱。

端平通宝

时代：南宋

质地：铜

重量：11.2 克

尺寸：直径 35.5 毫米，孔宽 8.7 毫米

圆形方孔。面文"端平通宝"，楷书，对读；光背无文。

宋理宗赵昀端平年间（1234—1236）铸行。有折三、折五等铜钱、铁钱。

端平重宝

时代：南宋

质地：铜

重量：13.7 克

尺寸：直径 35.9 毫米，孔宽 7.9 毫米

圆形方孔。面文"端平重宝"，楷书，对读；光背无文。

宋理宗赵昀端平年间（1234—1236）铸行。仅有折五铜钱。

端平元宝

时代：南宋

质地：铜

重量：3.2 克

尺寸：直径 23.3 毫米，孔宽 5.9 毫米

圆形方孔。面文"端平元宝"，楷书，旋读；背文"元"，楷书。

宋理宗赵昀端平元年（1234）始铸。有小平铜钱，及折五、折十等铁钱。背文纪年仅"元"字。

嘉熙通宝

时代：南宋

质地：铜

重量：6.2 克

尺寸：直径 29.1 毫米，孔宽 7.3 毫米

圆形方孔。面文"嘉熙通宝"，楷书，对读；背文"三"，楷书。

宋理宗赵昀嘉熙三年（1239）始铸。有小平、折二铜钱，背文纪年自元至四；折五、折十铁钱，背文纪值分别为五、十。

嘉熙重宝

时代：南宋

质地：铜

重量：14.5 克

尺寸：直径 36.8 毫米，孔宽 8.2 毫米

圆形方孔。面文"嘉熙重宝"，楷书，旋读；光背无文。

宋理宗赵昀嘉熙年间（1237—1240）铸行。有折三、折五等铜钱、铁钱。

淳祐通宝

时代：南宋

质地：铜

重量：36.8 克

尺寸：直径 52.2 毫米，孔宽 11.9 毫米

圆形方孔。面文"淳祐通宝"，楷书，对读；背文"当百"，楷书。

  宋理宗赵昀淳祐年间（1241—1252）铸行。有小平、折二、折三、折五和当百等铜钱、铁钱。背文"当百"表示相当于一百枚小平钱。

淳祐元宝

时代：南宋

质地：铜

重量：5.7 克

尺寸：直径 29.6 毫米，孔宽 7.2 毫米

圆形方孔，面文"淳祐元宝"，楷书，旋读；背文"九"，楷书。

  宋理宗赵昀淳祐九年（1249）始铸。有小平、折二等铜钱。背文纪年自元至十二。

皇宋元宝

时代：南宋

质地：铜

重量：5.8 克

尺寸：直径 29.5 毫米，孔宽 7.1 毫米

圆形方孔，面文"皇宋元宝"，对读，楷书；背文"三"，楷书。

　　宋理宗赵昀宝祐三年（1255）始铸，国号钱。有小平、折二等铜钱。背文纪年自元至六。

"临安府行用"钱牌

时代：南宋

质地：铜

重量：25.8 克

尺寸：长 68.1 毫米，宽 20.9 毫米

长方形，首端有孔，上端圆弧，下端方角。面文"临安府行用"，楷书；背文"准伍佰文省"，楷书。

"临安府行用"俗称"垮牌""火牌"，是南宋末年理宗时期于临安府（今杭州）铸行的一种钱牌。背文纪值有"准贰佰文省""准叁佰文省""准伍佰文省""准壹拾文省""准肆拾文省"等。钱文中的"准"为"平"之意，"省"为"省陌"之意。古代钱币以一百枚者谓之"陌"，不足百枚而作为一百者谓之"省陌"。其具有代用币性质，因流通时间极短，传世甚少。

咸淳元宝

时代：南宋

质地：铜

重量：3.1 克

尺寸：直径 23.1 毫米，孔宽 6.8 毫米

圆形方孔。面文"咸淳元宝"，楷书，对读；背文"六"，楷书。

宋度宗赵禥咸淳元年至八年（1265—1272）铸行，为南宋最后一种钱币。有小平、折二等铜钱、铁钱。背文纪年自元至八。

陆 辽夏金货币

辽、夏、金指公元九世纪后半期至十三世纪约300年间的历史时期，是契丹、党项、女真等少数民族建立的政权。

辽、夏、金的钱币体系承袭唐宋，但因民族不同、统治区域不同，所颁布的政治、经济、文化方面的措施不同，钱币的钱文、书体、币材呈多元化的样貌。

本书从馆藏藏品中遴选辽代钱币10枚、西夏钱币6枚、金代钱币6枚，包括"统和元宝""泰和重宝""阜昌重宝"等珍贵钱币。

辽

统和元宝

时代：辽
质地：铜
重量：4.6 克
尺寸：直径 24.7 毫米，孔宽 5.9 毫米
圆形方孔。面文"统和元宝"，楷书，旋读；光背无文。

辽圣宗耶律隆绪统和年间（983—1012）铸行。
契丹人建立的辽国立国共二百多年，并发明了契丹文，但在流通货币中，仅见钱文为"天朝万顺"的契丹文钱币。辽国铸造的钱币文字不规整，铸工粗糙。

重熙通宝

时代：辽

质地：铜

重量：3.6 克

尺寸：直径 23.5 毫米，孔宽 6.2 毫米

圆形方孔。面文"重熙通宝"，楷书，旋读；光背无文。

辽兴宗耶律宗真重熙年间（1032—1055）铸行。重熙通宝是辽代钱币史上一座分水岭，重熙前铸钱甚少，此后铸钱有所增加。

清宁通宝

时代：辽

质地：铜

重量：3.4 克

尺寸：直径 24.0 毫米，孔宽 6.6 毫米

圆形方孔。面文"清宁通宝"，楷书，旋读；光背无文。

辽道宗耶律洪基清宁年间（1055—1064）铸行。

道宗在位 48 年间铸造了清宁通宝、咸雍通宝、大康元宝（通宝）、大安元宝、寿昌元宝，所铸造钱币的数量超过了辽代此前的总和。

咸雍通宝

时代：辽

质地：铜

重量：3.5 克

尺寸：直径 24.3 毫米，孔宽 6.2 毫米

圆形方孔。面文"咸雍通宝"，楷书，旋读；光背无文。

辽道宗耶律洪基咸雍年间（1065—1074）铸行。咸雍通宝是辽代传世最多的钱币。

大康通宝

时代：辽

质地：铜

重量：3.1 克

尺寸：直径 23.6 毫米，孔宽 5.7 毫米

圆形方孔。面文"大康通宝"，楷书，旋读；光背无文。

辽道宗耶律洪基大康年间（1075—1084）铸行。

大康元宝

时代：辽

质地：铜

重量：2.5 克

尺寸：直径 22.9 毫米，孔宽 6.4 毫米

圆形方孔。面文"大康元宝"，楷书，旋读；光背无文。

辽道宗耶律洪基大康年间（1075—1084）铸行。大康之后，辽钱钱文皆称"元宝"，而不称"通宝"。

大安元宝

时代：辽

质地：铜

重量：3.5 克

尺寸：直径 24.0 毫米，孔宽 6.2 毫米

圆形方孔。面文"大安元宝"，楷书，旋读；光背无文。

辽道宗耶律洪基大安年间（1085—1094）铸行。

寿昌元宝

时代：辽

质地：铜

重量：3.3 克

尺寸：直径 22.8 毫米，孔宽 5.8 毫米

圆形方孔。面文"寿昌元宝"，楷书，旋读；光背无文。

辽道宗耶律洪基寿昌年间（1095—1101）铸行。

乾统元宝

时代：辽

质地：铜

重量：3.5 克

尺寸：直径 22.1 毫米，孔宽 5.8 毫米

圆形方孔。面文"乾统元宝"，隶书，旋读；光背无文。

辽天祚帝耶律延禧乾统年间（1101—1110）铸行。

天庆元宝

时代：辽

质地：铜

重量：2.3 克

尺寸：直径 22.9 毫米，孔宽 6.5 毫米

圆形方孔。面文"天庆元宝"，隶书，旋读；光背无文。

辽天祚帝耶律延禧天庆年间（1111—1120）铸行。

西夏

大安宝钱

时代：西夏

质地：铜

重量：3.8 克

尺寸：直径 24.0 毫米，孔宽 5.9 毫米

圆形方孔。面文"大安宝钱"，西夏文，旋读；光背无文。

西夏惠宗李秉常大安年间（1075—1085）铸行，有小平、折二两种，为西夏文钱中存世最多的钱币。另有汉文"大安通宝"。

西夏既铸有西夏文钱币，又铸有汉字钱币，流通中也使用宋钱。已发现西夏钱币中，面文为西夏文的有"福圣宝钱""大安宝钱""贞观宝钱""乾祐宝钱""天庆宝钱"。西夏钱币自元德年间（1119—1126）后，文字规矩，制作精整，反映了西夏社会经济文化与铸造工艺的发展水平，以及受宋朝的影响。

天盛元宝

时代：西夏

质地：铜

重量：3.2 克

尺寸：直径 23.7 毫米，孔宽 5.4 毫米

圆形方孔。面文"天盛元宝"，楷书，旋读；光背无文。

西夏仁宗李仁孝天盛年间（1149—1169）铸行，有小平、折二、折五、折十等。天盛元宝是西夏钱币中出土数量最多、铸工最好的一种。

乾祐元宝

时代：西夏

质地：铜

重量：3.6 克

尺寸：直径 24.3 毫米，孔宽 5.8 毫米

圆形方孔。面文"乾祐元宝"，楷书，旋读；光背无文。

西夏仁宗李仁孝乾祐年间（1170—1193）铸行。铜钱少，铁钱较多。

天庆宝钱

时代：西夏

质地：铜

重量：4.2 克

尺寸：直径 23.7 毫米，孔宽 5.1 毫米

圆形方孔。面文"天庆宝钱"，西夏文，旋读；光背无文。

西夏桓宗李纯佑天庆年间（1194—1205）铸行。另有汉文"天庆元宝"钱。

皇建元宝

时代：西夏

质地：铜

重量：3.4 克

尺寸：直径 24.7 毫米，孔宽 6.0 毫米

圆形方孔。面文"皇建元宝"，楷书，旋读；光背无文。

西夏襄宗李安全皇建年间（1210—1211）铸行。

光定元宝

时代：西夏

质地：铜

重量：3.4 克

尺寸：直径 24.4 毫米，孔宽 5.7 毫米

圆形方孔。面文"光定元宝"，旋读，楷书；光背无文。

西夏神宗李遵顼光定年间（1211—1223）铸行。另有钱文为篆书。

金

阜昌通宝

时代：金
质地：铜
重量：7.5 克
尺寸：直径 29.6 毫米，孔宽 6.2 毫米
圆形方孔。面文"阜昌通宝"，楷书，对读；光背无文。

　　金代伪齐政权阜昌年间（1130—1137）铸行。天会八年（1130），刘豫被金国立为皇帝，国号"齐"，铸有阜昌钱三种，小平为元宝，折二为通宝，折三为重宝。阜昌钱铸造精整，书法峻美，各有篆、楷书体。

阜昌重宝

时代：金
质地：铜
重量：10.0 克
尺寸：直径 34.4 毫米，孔宽 8.1 毫米
圆形方孔。面文"阜昌重宝"，篆书，对读；光背无文。

　　金代伪齐政权阜昌年间（1130—1137）铸行。

正隆元宝

时代：金

质地：铜

重量：3.9 克

尺寸：直径 25.0 毫米，孔宽 5.9 毫米

圆形方孔。面文"正隆元宝"，旋读，楷书；光背无文。

金海陵王完颜亮正隆二年（1157）始铸。

大定通宝

时代：金

质地：铜

重量：3.7 克

尺寸：直径 25.2 毫米，孔宽 6.2 毫米

圆形方孔。面文"大定通宝"，仿瘦金体，对读；背文"申"，楷书。

  金世宗完颜雍大定十八年至二十九年（1178—1189）铸行。有小平、折二钱。其形制仿自大观通宝，钱文为仿瘦金体。

泰和通宝

时代：金

质地：铜

重量：6.6 克

尺寸：直径 25.4 毫米，孔宽 5.8 毫米

圆形方孔。面文"泰和通宝"，对读，仿瘦金体；光背无文。

金章宗完颜璟泰和年间（1201—1208）铸行，钱文仿瘦金体。有小平、折二、折三、折十钱。

泰和重宝

时代：金
质地：铜
重量：16.4 克
尺寸：直径 45.0 毫米，孔宽 11.4 毫米
圆形方孔。面文"泰和重宝"，对读，玉箸篆；光背无文。

金章宗完颜璟泰和四年（1204）始铸，折十大钱。钱文相传为书法家党怀英手书。

柒 元代货币

元（1271—1368）是中国历史上首次由少数民族建立的大一统王朝，历时98年。

元代形成了以纸币为主的货币体系，纸钞盛行，其次为银元宝，铜钱数量相对较少。元末统治者大肆滥印纸钞，纸币发行量急剧上升，引起恶性通货膨胀。元末各路起义军政权也各自铸造钱币。

本书从馆藏藏品中遴选元代钱币3枚，以及元末农民起义军政权钱币5枚。其中包括"至正通宝（背'壹两重'等）""天启通宝""龙凤通宝"等珍贵钱币。

元

至元通宝

时代：元

质地：铜

重量：8.2 克

尺寸：直径 30.6 毫米，孔宽 7.2 毫米

圆形方孔。面文"至元通宝"，八思巴文，对读；光背无文。

元世祖忽必烈至元二十二年至三十一年（1285—1294）铸行。钱文有汉文、八思巴文两种，有小平、折二、折三钱。

八思巴文是元世祖至元年间，由国师八思巴奉旨创制的蒙古文字，又称"蒙古新字"或"蒙古字"。随着蒙古帝国的消亡，八思巴文也被逐渐废弃。

元朝是世界上最早实行纸币制度的国家，流通货币以纸币为主，同时也铸行一定数量的铜钱，但在数量上比其他朝代少得多。同时，元代宗教盛行，供养钱盛极一时，所铸铜钱除少部分用于流通外，多数被用作庙宇钱和供养钱。

大元通宝

时代：元
质地：铜
重量：25.7 克
尺寸：直径 40.6 毫米，孔宽 10.8 毫米

圆形方孔。面文"大元通宝"，八思巴文，对读；光背无文。

元武宗海山至大三年（1310）始铸，国号钱。钱文有汉文与八思巴文两种，有小平、折十钱。元朝是中国历史上疆域最为辽阔的王朝，当时的统治者常自豪地称之为"大元""大朝"。

至正通宝

时代：元

质地：铜

重量：27.9 克

尺寸：直径 48.6 毫米，孔宽 11.2 毫米

圆形方孔。面文"至正通宝"，楷书，对读；背文穿下为汉字"壹两重"、穿上为八思巴文"十"。

元顺帝妥欢帖睦尔至正十年（1350）始铸。有小平、折二、折三、折五、折十钱。

元末农民起义军政权

天启通宝

时代：元
质地：铜
重量：8.1 克
尺寸：直径 32.3 毫米，孔宽 6.9 毫米
圆形方孔。面文"天启通宝"，楷书，对读；光背无文。

元至正十一年（1351），徐寿辉据湖北蕲州起义，建立政权，国号"天完"。至正十八年（1358），改元"天启"，铸天启通宝钱，俗称"徐天启"。有小平、折二、折三钱。

元朝末年，几支主要的农民起义军各占据一块地盘，创建年号，建立政权并铸造钱币，元朝末年是历史上起义军铸钱最多的时期。

龙凤通宝

时代：元

质地：铜

重量：11.2 克

尺寸：直径 33.7 毫米，孔宽 7.1 毫米

圆形方孔。面文"龙凤通宝"，楷书，对读；光背无文。

元至正十五年（1355），元末农民起义将领韩林儿以亳州（今安徽亳州）为都，建立政权，国号"大宋"，年号龙凤，并铸龙凤通宝钱，有小平、折二、折三钱。

大义通宝

时代：元

质地：铜

重量：10.0 克

尺寸：直径 31.1 毫米，孔宽 7.2 毫米

圆形方孔。面文"大义通宝"，楷书，对读；光背无文。

　　元至正二十年（1360），元末农民起义将领陈友谅以江州（今江西九江）为都，改元"大义"，铸大义通宝钱，有小平、折二、折三钱。

天佑通宝

时代:元

质地:铜

重量:19.4 克

尺寸:直径 40.5 毫米,孔宽 11.2 毫米

圆形方孔。面文"天佑通宝",楷书,对读;背文"五",篆书。

    元至正十三年(1353),元末农民起义将领张士诚占领高邮,次年改元"天佑"。随后熔毁铜佛像铸造"天佑通宝",有小平、折二、折三、折五钱。

大中通宝

时代：元

质地：铜

重量：21.1 克

尺寸：直径 45.9 毫米，孔宽 10.8 毫米

圆形方孔。面文"大中通宝"，楷书，对读；背文"十"，楷书。

  元至正二十一年（1361），元末农民起义将领朱元璋始铸。包括光背、有背文两种，背文纪值或纪地，纪地有北平、豫、济、京、浙、福、鄂、广、桂。有小平、折二、折三、折五、折十钱。

  至正十六年（1356），朱元璋部攻陷集庆，改名应天（今南京）。至正二十一年（1361），朱元璋在应天府设宝源局铸造大中通宝钱。至正二十四年（1364），在江州（今江西九江）设泉货局，铸造五种面值的大中通宝钱。后又在各省分设宝泉局鼓铸，背面铸有各省局名。

捌 明代货币

明（1368—1644）是中国历史上最后一个由汉族建立的大一统王朝，历时 270 余年。

明初沿袭元朝建立宝钞货币制度，以大明通行宝钞为主，铜钱为辅，禁用金银交易。明代中后期，商品经济的发展特别是长途贸易的兴盛推动了白银和纸钞使用，出现银、钱、钞并行流通的现象。南明和明末农民起义军政权也各自铸造货币。

本书从馆藏藏品中遴选明代钱币 10 枚、南明钱币 4 枚以及明末农民起义军政权钱币 3 枚。其中包括"天启通宝（背'十·一两'）""兴朝通宝（背'壹分'）"等珍贵钱币。

明

洪武通宝

时代：明

质地：铜

重量：17.3 克

尺寸：直径 40.5 毫米，孔宽 9.4 毫米

圆形方孔。面文"洪武通宝"，楷书，对读；背文"五""福"，楷书。

明太祖朱元璋洪武年间（1368—1398）由各行省的宝泉局与工部宝源局铸行，有小平、折二、折三、折五、折十（一两）钱。由于钱局众多，实际流通的钱币尺寸、文字均有差异。

明朝钱币因避朱元璋名和其小名"重八"的讳，只有"通宝"，没有"重宝"或"元宝"。

洪武八年（1375），朱元璋决定印发"大明通行宝钞"，使用纸币，规定百文以上用纸币，百文以下用铜钱。纸币发行之初，虽然对铜钱的使用有所限制，但并未禁止流通。因顾虑铜钱使用会危及纸币的推广，洪武二十七年（1394）铜钱被完全禁用。后反复经历解禁、复铸，直到明朝中叶以后，随着纸币制度的失败，政府才最终取消钱禁，铜钱作为仅次于白银的货币，再度拥有了合法身份。

永乐通宝

时代：明

质地：铜

重量：3.2 克

尺寸：直径 26.2 毫米，孔宽 5.6 毫米

圆形方孔。面文"永乐通宝"，楷书，对读；光背无文。

　　明成祖朱棣永乐六年(1408)始铸。有小平钱，另有折三钱孤品存世。永乐九年(1411)又在浙江、江西、广东、福建开铸。永乐通宝制作精美，标准划一，版别较少。

宣德通宝

时代：明

质地：铜

重量：4.4 克

尺寸：直径 25.3 毫米，孔宽 4.5 毫米

圆形方孔。面文"宣德通宝"，对读，楷书；光背无文。

明宣宗朱瞻基宣德八年（1433）始铸。有小平钱。

弘治通宝

时代：明

质地：铜

重量：3.6 克

尺寸：直径 24.3 毫米，孔宽 4.8 毫米

圆形方孔。面文"弘治通宝"，楷书，对读；光背无文。

　　明孝宗朱祐樘弘治十六年（1503）始铸。有小平钱，另有折十钱孤品存世。明孝宗在位 18 年，但铸钱仅约 2 年，存世较少。

嘉靖通宝

时代：明

质地：铜

重量：3.6 克

尺寸：直径 24.8 毫米，孔宽 5.2 毫米

圆形方孔。面文"嘉靖通宝"，楷书，对读；光背无文。

明世宗朱厚熜嘉靖年间（1522—1566）始铸，黄铜钱。有小平、折二、折三、折五、折十钱。自嘉靖通宝开始，工匠通过大幅度增加锌的含量铸造黄铜钱，黄铜开始替代青铜成为货币铸造的主要材料，提高了铜钱的硬度和抗腐蚀性。

隆庆通宝

时代：明

质地：铜

重量：4.4 克

尺寸：直径 25.2 毫米，孔宽 5.2 毫米

圆形方孔。面文"隆庆通宝"，楷书，对读；光背无文。

　　明穆宗朱载垕隆庆四年（1570）始铸。每文重一钱三分。仅见小平钱。

　　隆庆年间，白银的货币化基本完成，并成为主要货币。隆庆通宝的铜质精于嘉靖通宝，有金背、火漆等种类。

万历通宝

时代：明
质地：铜
重量：4.9 克
尺寸：直径 25.4 毫米，孔宽 5.1 毫米
圆形方孔。面文"万历通宝"，楷书，对读；背文"天"，楷书。

明神宗朱翊钧万历四年 (1576) 始铸。有小平、折二钱。万历通宝光背者较多见，少数小平钱有"工""天""江""河""厘"等背文，其中"厘"字表示值银一厘，为"权银钱"。

权银钱也称折银钱，即以白银"厘、分、钱"为货币单位，在钱背铸明对银比价的铜钱。权银钱最早出现在明代晚期，在南明至清初时期较为通行。

泰昌通宝

时代：明

质地：铜

重量：3.1 克

尺寸：直径 24.8 毫米，孔宽 5.1 毫米

圆形方孔。面文"泰昌通宝"，楷书，对读；光背无文。

万历四十八年（1620）七月，明神宗驾崩。皇太子朱常洛于八月即皇帝位，大赦天下，宣布改元泰昌，但因其九月病逝未及铸钱。明熹宗即位后，在泰昌元年（1620）十二月颁令，次年改元天启，同时补铸"泰昌通宝"。仅见小平钱。

天启通宝

时代：明

质地：铜

重量：35.4 克

尺寸：直径 47.9 毫米，孔宽 8.9 毫米

圆形方孔。面文"天启通宝"，楷书，对读；背文"密""十""一两"，楷书。

明熹宗朱由校天启年间（1621—1627）铸行。有小平、折二、折十钱。背文较多，纪局、地名有户、工、京、浙、福、云、密、镇、府、院、新等；纪重有一两、一钱、一钱一分、一钱二分等。

崇祯通宝

时代：明
质地：铜
重量：11.8克
尺寸：直径34.0毫米，孔宽6.5毫米

圆形方孔。面文"崇祯通宝"，楷书，对读；背文"监""五"，楷书。

　　明思宗朱由检崇祯年间（1628—1644）铸行，有小平、折二、折五、折十钱。背文有"户五""工五""监五"。起初每文重一钱三分，但崇祯三年（1630）改钱制，北方所铸每文重一钱，南方所铸每文重八分。

南明

弘光通宝

时代：明

质地：铜

重量：5.3 克

尺寸：直径 27.8 毫米，孔宽 6.4 毫米

圆形方孔。面文"弘光通宝"，对读，楷书；背文"贰"，楷书。

　　弘光元年（1644）十月始铸。南明福王朱由崧在南京即位后，改元弘光，并于同年十月铸造弘光通宝，有小平、折二钱。钱文有楷书、隶书两种。

　　明朝灭亡后，明朝宗室先后在南方建立多个地方性政权，统称"南明"政权，从公元 1644 年至 1661 年，前后共历时 18 年，其中最早的是弘光政权。

大明通宝

时代：明

质地：铜

重量：3.8 克

尺寸：直径 25.4 毫米，孔宽 5.3 毫米

圆形方孔。面文"大明通宝"，对读，楷书；光背无文。

南明鲁王朱以海监国时（1645）在绍兴铸行。仅见小平钱。分光背与有背文两类，有背文的大明通宝，背文有"户""工""帅"等。

隆武通宝

时代：明

质地：铜

重量：3.2 克

尺寸：直径 24.4 毫米，孔宽 5.9 毫米

圆形方孔。面文"隆武通宝"，楷书，对读；背文"户"，楷书。

　　南明唐王朱聿键隆武年间（1645—1646）铸行。有小平、折二钱，背文有"户""工""留""南"等。

　　南明唐王1645年在福州即位，改元隆武。隆武元年（1645）六月始铸隆武通宝，次年八月因清军入闽而废止。

永历通宝

时代：明
质地：铜
重量：21.9 克
尺寸：直径 45.8 毫米，孔宽 9.6 毫米

圆形方孔。面文"永历通宝"，楷书，对读；背文"壹分"，楷书。

南明桂王朱由榔永历二年（1648）始铸，有小平、折二、折三、折五、折十钱。面文有楷、隶、行、篆四种书体，背文有"粤""辅""定""五厘""壹分"等。其中，背文"壹分"即折银一分，一枚当十钱，系权银钱。

顺治三年（1646），桂王朱由榔在广东肇庆称帝，次年改元永历。永历政权（1646—1662）是南明王朝中延续时间最长且控制地区较大的政权。

永历通宝除永历小朝廷外，各地尊奉"永历"年号的将帅也多有铸造，因此来源极为复杂，版式也特别多。其中，郑成功及其子郑经曾先后三次委托日本长崎藩铸造永历通宝钱，将其运至中国台湾地区流通，是中国台湾地区流通最早的铜钱。

明末农民起义军政权

永昌通宝

时代：明

质地：铜

重量：3.5 克

尺寸：直径 25.4 毫米，孔宽 5.1 毫米

圆形方孔。面文"永昌通宝"，楷书，对读；光背无文。

　　明末农民起义军李自成所建大顺政权于永昌年间（1644—1645）铸行，有小平、折五钱。面文中的"永"字常由"二""水"组成，正常书体的"永"字钱较少。

大顺通宝

时代：明

质地：铜

重量：5.1 克

尺寸：直径 27.7 毫米，孔宽 6.0 毫米

圆形方孔。面文"大顺通宝"，楷书，对读；背文"工"，楷书。

　　明末农民起义军张献忠所建大西政权于大顺元年（1644）铸行，有光背、背"工""户"等。大西政权覆亡后，孙可望退守滇黔，亦曾补铸背"工"的大顺通宝。

兴朝通宝

时代：明

质地：铜

重量：27.3 克

尺寸：直径 50.2 毫米，孔宽 9.2 毫米

圆形方孔。面文"兴朝通宝"，楷书，对读；背文"壹分"，楷书。

孙可望于永历三年（1649）在云南称东平王时始铸，有小平（背"工"）、折五（背"五厘"）、折十（背"壹分"）钱。

古代云南的货币曾以贝币为主，大西政权于1647年入滇后才废除贝币流通，先后铸造"大顺""兴朝"钱，"禁民用贝，违其令者则劓之……"。兴朝通宝铸行量大，铸行时间长，形成较为特殊的风格，其钱文与铸工对吴三桂利用通宝、昭武通宝等产生了重要影响。

玖 清代货币

清（1636—1912）是中国历史上最后一个大一统封建王朝，起源于努尔哈赤建立的后金，历时近270年。

清政府沿袭前朝银钱并行制度，白银和铜钱（制钱）两种货币同时在市场上合法流通。清代前期主要铸行小平铜钱，咸丰时期因战乱频繁、国库亏空严重而广铸大钱，并印发户部官票与大清宝钞。晚清机制币开启铸币工艺的现代化进程。

本书从馆藏藏品中遴选后金钱币2枚、清代钱币20枚、三藩钱币4枚、清末农民起义军政权钱币5枚。其中包括"天命汗钱""乾隆通宝（雕母）""咸丰元宝（宝泉·镇库）""义记金钱"等珍稀钱币。

后金

天命汗钱

时代：后金

质地：铜

重量：6.4 克

尺寸：直径 28.4 毫米，孔宽 4.8 毫米

圆形方孔。面文"天命汗钱"，满文，对读；光背无文。

明万历四十四年（1616），女真首领努尔哈赤在赫图阿拉（今辽宁抚顺新宾县）称帝，建元天命，铸行天命汗钱与天命通宝。

天命通宝

时代：后金

质地：铜

重量：6.2 克

尺寸：直径 26.3 毫米，孔宽 4.3 毫米

圆形方孔。面文"天命通宝"，楷书，对读；光背无文。

天聪汗之钱

时代：后金

质地：铜

重量：27.2 克

尺寸：直径 44.1 毫米，孔宽 7.6 毫米

圆形方孔。面文"天聪汗之钱"，满文，对读；背穿左"十"、穿右"一两"，满文。

清太宗皇太极天聪元年（1627）铸行，也称"天聪通宝""聪汗之钱"。面文按左、上、下、右读，左为"天聪"，上为"汗"，下为"之"，右为"钱"。背文"一两"仿自明天启通宝的纪值纪重制。

清

顺治通宝

时代：清

质地：铜

重量：4.0 克

尺寸：直径 25.5 毫米，孔宽 5.5 毫米

圆形方孔。面文"顺治通宝"，楷书，对读；背文为"阳""一厘"，楷书。

清世祖福临顺治年间（1644—1661）铸行。

清朝仿明末钱制，在户部设立宝泉局，工部设立宝源局，各省相继设立钱局铸钱。顺治钱标明铸钱局的方式有三种，即全汉文、满汉文、全满文；而其后的康熙钱仅两种，即满汉文、全满文。

康熙通宝

时代：清

质地：铜

重量：3.9 克

尺寸：直径 27.6 毫米，孔宽 6.1 毫米

圆形方孔。面文"康熙通宝"，楷书，对读；背文为满汉文"同"。

清圣祖玄烨康熙年间（1662—1722）铸行。

康熙时全国共开设二十四处铸钱局。因冶铸工本、钱币私铸等问题，一文康熙钱曾分别重一钱四分、一钱、七分，形成大、中、小三种不同重量的"康熙通宝"钱。康熙钱的背文除户部、工部所设的宝泉、宝源两局所铸均为满文外，各地钱局所铸的一般为背左满文纪地、背右相应的汉字纪地。其局名有诗为证，即"同福临东江，宣原苏蓟昌。南河宁广浙，台桂陕云漳"，此外还发现有"巩"（甘肃巩昌局）"西"（山西省局）二字。

雍正通宝

时代：清

质地：铜

重量：5.0 克

尺寸：直径 26.5 毫米，孔宽 5.7 毫米

圆形方孔。面文"雍正通宝"，楷书，对读；背满文"宝巩"。

清世宗胤禛雍正年间（1723—1735）铸行。各省铸行的雍正通宝背文以宝字为首，再铸地名简称。

乾隆通宝（雕母）

时代：清

质地：铜

重量：7.2 克

尺寸：直径 25.9 毫米，孔宽 2.7 毫米

圆形方孔。面文"乾隆通宝"，楷书，对读；背满文"宝泉"。

清高宗弘历乾隆年间（1736—1795）铸行。

雕母（祖钱）的制作非常精良，在铸钱过程中起规定钱式的作用。雕母字口深峻、笔划清晰，且笔画较流通钱细，其在细节上还保留着手工铸刻的痕迹。通常比同版流通的钱更大且更厚重一些，存世量稀少。

鲍康《大钱图录》详细记述了清代钱样、祖钱（雕母）、母钱（部颁样钱）和样钱的制作过程，即"每改元铸新钱，先选至洁之象牙，刻作钱样，呈钱法堂侍郎鉴定，然后以精铜凿成祖钱，其穿孔非钱局人不能凿，再用祖钱翻砂母钱……外省呈进者为样钱"。

197

乾隆通宝（红钱）

时代：清

质地：铜

重量：5.9 克

尺寸：直径 25.9 毫米，孔宽 5.4 毫米

圆形方孔。面文"乾隆通宝"，楷书，对读；背面左侧满文"叶尔羌"，右侧维文"叶尔羌"。

  乾隆二十五年（1760），叶尔羌铸钱局开新疆红钱之先河，铸造"乾隆通宝"（红钱），直至乾隆三十三年（1768）停铸。但初铸时的背面左侧满文被误铸为"叶尔其木"。乾隆二十六年（1761），其背面左侧更正为满文"叶尔羌"。

  乾隆二十四年（1759）统一新疆后，清政府在新疆先后建立了叶尔羌、阿克苏、乌什、库车、喀什和伊犁六个铸钱局，用新疆当地开采的红铜（纯铜）铸造方孔钱，即闻名中外的新疆红钱。新疆红钱是清代铜钱体系中一个独立分支，因钱呈红色，俗称"红钱"。

嘉庆通宝

时代：清

质地：铜

重量：8.9 克

尺寸：直径 30.8 毫米，孔宽 5.9 毫米

圆形方孔。面文"嘉庆通宝"，楷书，对读；背满文"宝泉"。

清仁宗颙琰嘉庆年间（1796—1820）铸行。

嘉庆元年（1796），京师宝泉、宝源局及各省铸钱机构始铸嘉庆通宝钱。而在嘉庆六年（1801）之前，各局仍继续铸造乾隆通宝钱，"宝泉、宝源二局钱文，乾隆、嘉庆年号各半分铸"。嘉庆年间，各钱局的偷工减料现象已时有发生，铜钱体小轻薄，质量参差不齐。

道光通宝

时代：清

质地：铜

重量：5.8 克

尺寸：直径 25.4 毫米，孔宽 4.8 毫米

圆形方孔。面文"道光通宝"，楷书，对读；背左右满文"阿克苏"，上下汉文"八年""五"，楷书。

　　清宣宗旻宁道光八年（1828）始铸。

　　道光八年（1828），钦差大臣那彦成在处理张格尔叛乱事宜时，经道光皇帝同意，在南疆阿克苏铸钱局试铸"当十"钱和"当五"钱，并在南疆流通。这便是新疆红钱中著名的"道光通宝（八年·五）"和"道光通宝（八年·十）"。道光通宝（八年·十）是一种虚值大钱，开创了清代铸造"当十"大钱的先例，也成为后来咸丰朝广铸大钱的滥觞。

咸丰通宝

时代：清
质地：铜
重量：10.4 克
尺寸：直径 30.7 毫米，孔宽 7.0 毫米

圆形方孔。面文"咸丰通宝"，楷书，对读；背左右满文"宝苏"，上下汉文"当五"，楷书。

  清文宗奕詝咸丰年间（1851—1861）铸行。咸丰元年时，规定钱重一钱二分，到咸丰二年，变为一钱，而各铸钱局所铸造的制钱大多轻于规定重量。

  深陷内忧外患的咸丰朝币制混乱，不仅表现在既铸钱又印钞，实行钱钞混用，还表现在广铸大钱的同时，又滥发纸币"大清宝钞"与"户部官票"。咸丰大钱于咸丰三年（1853）四月底开始铸造，陆续铸有当十、当五十、当百、当五百、当千等面值的咸丰大钱。不仅户部的宝泉局、工部的宝源局铸大钱，各省铸钱局也竞相铸行。

咸丰重宝

时代：清

质地：铜

重量：147.8克

尺寸：直径79.9毫米，孔宽8.8毫米

圆形方孔。面文"咸丰重宝"，楷书，对读；背缘汉文"计重五两"，楷书，对读；背肉左右满文"宝福"、上下汉文"一百"。

清文宗奕詝咸丰三年（1853）始铸。

清初铸钱沿袭明朝，名称上只有"通宝"一种，但咸丰年间，为赶铸大钱，又恢复了"重宝""元宝"。通常是当五至当五十称"重宝"，当百及以上称"元宝"，但因各地都铸，并都图利，所以咸丰大钱的名称、尺寸、重量、材质、钱文五花八门，种类繁多，版别复杂。

咸丰元宝

时代：清

质地：铜

重量：84.1 克

尺寸：直径 62.6 毫米，孔宽 9.6 毫米

圆形方孔。面文"咸丰元宝"，楷书，对读；背左右满文"宝泉"，上下汉文"当千"。

清文宗奕詝咸丰三年（1853）始铸。

咸丰元宝（宝泉·镇库）

时代：清

质地：铜

重量：903.0 克

尺寸：直径 118.0 毫米，孔宽 17.0 毫米

圆形方孔。面文为"咸丰元宝"，楷书，对读；背文为穿上下汉文"镇库"，楷书，穿左右满文"宝泉"。

　　咸丰元宝宝泉镇库大钱是由铸钱机构铸造的非流通货币。该镇库大钱为清代户部设立的铸钱机构——宝泉局所铸。据专家考证，其用途为祈求吉祥和辟邪，传世珍罕。

205

祺祥通宝

时代：清

质地：铜

重量：7.8 克

尺寸：直径 28.0 毫米，孔宽 5.1 毫米

圆形方孔。面文"祺祥通宝"，楷书，对读；背满文"宝源"。

　　清文宗奕詝咸丰十一年（1861）八月始铸。有小平、折十钱。

　　咸丰十一年七月，咸丰帝之子——载淳登基，议定次年改元"祺祥"，并敕令户部、工部开铸新钱。辛酉政变后旋即改元"同治"，此前铸造不久的"祺祥通宝""祺祥重宝"遭停铸并熔毁，因此存世极少。

同治通宝

时代：清

质地：铜

重量：7.0 克

尺寸：直径 27.4 毫米，孔宽 4.8 毫米

圆形方孔。面文"同治通宝"，楷书，对读；背满文"宝源"。

　　清穆宗载淳同治年间（1862—1874）铸行。通宝为小平钱，背皆满文纪局。

同治重宝

时代：清

质地：铜

重量：13.2 克

尺寸：直径 37.9 毫米，孔宽 7.1 毫米

圆形方孔。面文"同治重宝"，楷书，对读；背穿上下汉文"当十"，楷书，穿左右满文"宝泉"。

　　清穆宗载淳同治年间（1862—1874）铸行。有折四、折五、折十钱。

光绪通宝(机制币)

时代:清

质地:铜

重量:5.4 克

尺寸:直径 25.8 毫米,孔宽 5.5 毫米

圆形方孔。面文"光绪通宝",楷书,对读;背满文"宝广"。

清德宗载湉光绪十五年(1889)由广东钱局正式铸行。福州马尾造船厂曾在光绪十一年(1885)试铸类似机制币,但未获清廷批准流通。

广东钱局的光绪通宝(机制币)是近代中国正式使用机器大规模铸造钱币的开端。它在形制上仍与传统的铜钱一样呈圆形方孔状,但技术上则摒除了翻砂冶铸工艺,创造性地采用了机器锻造,标志着我国钱币铸造技术从传统的手工翻砂铸造向先进的机器化生产的重大转变,是铸币工艺近代化的有益尝试。

光绪重宝

时代:清

质地:铜

重量:8.6 克

尺寸:直径 31.1 毫米,孔宽 6.0 毫米

圆形方孔。面文"光绪重宝",楷书,对读;背穿上下汉文"当十",楷书,穿左右满文"宝泉"。

清德宗载湉光绪年间(1875—1908)铸行。有折五、折十钱。

光绪元宝（铜元）

时代：清

质地：铜

重量：7.5克

尺寸：直径28.0毫米

圆形。钱面中央为"光绪元宝"，楷书，对读，以及满文钱局名"宝广"；外环珠圈，上缘中文纪地"广东省造"，下缘中文纪值"每元当制钱十文"。钱背中央为蟠龙，上缘英文纪地"KWANG-TUNG"，下缘英文纪值"TEN CASH"。

光绪二十六年(1900)六月始铸。经两广总督李鸿章奏准，由广东钱局仿香港铜币(即"铜仙")铸行。

广东钱局的光绪元宝（铜元）在铸行初期主要与银元比价，作为银元的辅币使用，正面有"每百枚换一圆"，背面有英文"ONE CENT"(即"一仙")。因与传统制钱不符，社会流通不畅，光绪三十年(1904)，其正面改为"每元当制钱十文"，背面英文改为"TEN CASH"(即"十文")，以与制钱比价。光绪元宝（铜元）在广东铸行后，福建、江苏、四川等省纷纷仿铸。

在光绪元宝（铜元）之前，两广总督张之洞早在光绪十三年正月（1887）就向清廷奏请在广州建"广东钱局"，购买机器铸造钱币。光绪十五年（1889）始铸光绪元宝（银元），改变了以重量及成色计价的银锭形制，这也为光绪元宝（铜元）的铸行创造了条件。

大清铜币

时代：清

质地：铜

重量：13.2 克

尺寸：直径 34.0 毫米

圆形。钱面中央为"大清铜币"，楷书，对读，中心"川"字；外环珠圈，上缘纪年"乙酉"与满文"大清铜币"，两侧为"度支部"，下缘纪值"当制钱二十文"。钱背中央为蟠龙，上缘纪年"宣统年造"，下缘英文"TAI-CHING TI-KUO COPPER COIN"（大清帝国铜币）。

光绪二十六年（1906），四川省依照户部所颁铜元祖模，改铸新币——"川"字大清铜币。按干支纪年不同，分为丙午、乙酉两种。其中丙午纪年者有二文、五文、十文、二十文四等币值；乙酉纪年者仅有十文、二十文两等币值。

光绪三十一年（1905）十月，清政府为统一币制，在天津设立户部造币总厂开始铸造新式铜元"大清铜币"。依据《整顿圜法章程》，限制各省铜元铸额，确定其成色、形制，原有旧币一律停铸，规定"统一制造大清铜币，由户部颁发祖模，均与总厂所铸一律，惟于正面加铸省名一字，以便查考"。宣统二年（1910）四月，清政府又颁布《币制则例》，实行银本位制，即以银元为主币、铜元为辅币。然而，该币制改革方案因辛亥革命爆发而夭折。

宣统通宝

时代：清

质地：铜

重量：4.8 克

尺寸：直径 24.1 毫米，孔宽 3.9 毫米

圆形方孔，面文"宣统通宝"，楷书，对读；背满文"宝泉"。

  清末代皇帝溥仪宣统年间（1909—1911）铸行。

  宣统通宝是我国封建社会最后一个王朝的最后一位帝王颁令铸行的方孔圆钱。宣统年间，各省几乎都已停铸制钱，仅宝泉局铸过重一钱的"宣统通宝"小平钱，分为大小两种，新疆地区有"宣统通宝"红钱，以及宝广、宝福两局铸有机制币。

三藩

利用通宝

时代：清

质地：铜

重量：8.1 克

尺寸：直径 30.9 毫米，孔宽 6.0 毫米

圆形方孔。面文"利用通宝"，楷书，对读；背文"五厘"，楷书。

    吴三桂受封平西王并镇守云南时铸行。有小平、折二（背"二厘"）、折五（背"五厘"）、折十（背"一分"）钱。《国史·吴三桂列传》："康熙十三年，三桂以滇铜铸钱，伪文曰利用。"

    清康熙继位后，吴三桂、耿仲明、尚可喜作为"有功之臣"分驻各地，史称"三藩"。三藩各有重兵、分据各地，在用人、征税、铸钱等方面各自为政，俨然三个独立小王国。

昭武通宝

时代：清

质地：铜

重量：9.0 克

尺寸：直径 34.63 毫米，孔宽 8.4 毫米

圆形方孔。面文"昭武通宝"，篆书，对读；背文"壹分"，篆书。

　　康熙十七年（1678）三月初，吴三桂在衡州（今湖南衡阳）称帝，立国号为大周，建元昭武，铸行"昭武通宝"。钱文有篆、楷两种，有小平、折十（背"一分"）钱。

洪化通宝

时代：清

质地：铜

重量：3.3 克

尺寸：直径 34.6 毫米，孔宽 8.4 毫米

圆形方孔。面文"洪化通宝"，篆书，对读；光背无文。

  康熙十七年（1678）吴三桂病逝后，其部将拥戴吴三桂孙吴世璠在贵阳袭号，改元洪化，并铸"洪化通宝"。仅见小平钱。

  康熙二十年（1681），清军攻破昆明，吴世璠自杀，延续八年之久的"三藩之乱"被平定。

裕民通宝

时代：清

质地：铜

重量：16.9 克

尺寸：直径 37.5 毫米，孔宽 7.0 毫米

圆形方孔。面文"裕民通宝"，楷书，对读；背文"浙""一钱"，楷书。

靖南王耿继茂之子耿精忠于康熙十三年（1674）在福建铸行。有小平、折十（背"一分"）、折百（背"壹钱""浙一钱"）钱。其中，背"一分""壹钱"或"浙一钱"均为权银钱。

太平天国及其他农民起义组织

太平天国

时代：清

质地：铜

重量：32.3 克

尺寸：直径 47.9 毫米，孔宽 7.1 毫米

圆形方孔。面文"太平天国"，楷书，对读；背文"圣宝"，楷书。

  咸丰三年（1853），洪秀全领导的太平天国起义军定都天京（今南京），开始铸造自己的货币。"太平天国"钱有小平、折五、折十、折五十、折百钱。太平天国的货币大多称为"圣宝"。

太平圣宝

时代：清

质地：铜

重量：8.5 克

尺寸：直径 26.6 毫米，孔宽 4.7 毫米

圆形方孔。面文"太平圣宝"，楷书，对读；背文"天国"，楷书。

太平天国晚期在浙江地区（主要是绍兴）铸行。有小平、折五钱。

平靖胜宝

时代：清

质地：铜

重量：7.1 克

尺寸：直径 27.1 毫米，孔宽 5.0 毫米

圆形方孔。面文"平靖胜宝"，楷书，对读；背文"右营"，楷书。

咸丰五年（1855），广西天地会首领李文茂在桂平建立大成国，自封平靖王，铸平靖胜宝。仅见折二钱。铸币背文有七种军营名称，即"前营""后营""左营""右营""中营""常胜军""御林军"。平靖胜宝是中国历史上唯一直接冠以军队系列建制的钱币。

天朝通宝

时代：清

质地：铜

重量：3.2 克

尺寸：直径 23.2 毫米，孔宽 5.4 毫米

圆形方孔。面文"天朝通宝"，楷书，对读；背文穿下倒"永"，楷书。

浙江天地会于太平天国期间（1850—1868）所铸会钱。背文有穿上"永"及穿下倒"永"之别，据传背上"永"为首领钱、倒"永"为一般会员钱。

义记金钱

时代：清

质地：铜

重量：16.2 克

尺寸：直径 38.3 毫米，孔宽 7.0 毫米

圆形方孔，阔缘。面文"义记金钱"，楷书，对读；背面为方胜纹。

  咸丰八年（1858），浙江平阳赵起等八人聚义成立金钱会，并铸"义记金钱"作为会员入会凭证。钱背面左右为汉族传统图案方胜纹。

THE CENTRAL BANK OF CHINA

PROMISES TO PAY
THE BEARER ON DEMAND AT ITS OFFICE HERE

拾 中华民国货币

1911年辛亥革命推翻了清王朝，建立中华民国（1912—1949）。

北洋政府时期，财政部继续推行币制改革，发行以袁世凯像为图案的银圆。20世纪30年代，南京国民政府实施法币改革，推行现代信用货币制度，发行法币，中国货币金融制度向前迈进历史性的一步。民国末期政府发行金圆券取代法币。

本书从馆藏藏品中遴选机制币2枚、清代纸币10种。其中包括"中央银行伍佰萬圆金圆券""新疆省银行陆拾亿圆省币券"等。

中华民国开国纪念币

时代：1912年

质地：铜

重量：7.4克

尺寸：直径27.9毫米

圆形。正面图案中央为交叉双旗帜（左为九星陆军旗，右为五色国旗），镌有"中华民国""开国纪念币"字样。背面图案中央为嘉禾环绕的"十文"，边缘为英文"THE REPUBLIC OF CHINA""TEN CASH"等。

中华民国开国纪念币于民国元年（1912）始铸。有银币和铜币。1912年3月，孙中山颁布"临时大总统令"，同意财政部"另刊新模，鼓铸纪念币"，并明确新币样式："中间应绘五谷模型，取丰岁足民之义，垂劝农务本之规"。

袁世凯像壹圆（银元）

时代：1914 年

质地：银

重量：26.5 克

尺寸：直径 38.9 毫米

圆形。正面图案中央为袁世凯侧身像，上缘铸有"中华民国三年"；背面图案中央为"壹圆"，嘉禾纹饰环绕。

    中华民国三年（1914）始铸。1914 年 2 月 7 日，袁世凯以大总统令形式公布《国币条例》及《国币条例施行细则》，对银元成色、分量等作了统一规定，规定国币种类有银币四种（壹圆、中圆、贰角、壹角）、镍币一种（五分）、铜币五种（二分、一分、五厘、二厘、一厘）。1914 年 12 月 24 日，天津造币厂率先铸造壹圆银币，后南京、广东、湖北、甘肃等造币厂陆续依规铸行。因钱币正面有袁世凯侧面头像，世人对此系列钱币俗称"袁大头"。

    因"袁大头"银元币型划一，成色、重量有严格规定，逐步取代了清朝的龙洋，成为市场流通领域的主币，为"废两改元"创造了条件。

交通银行拾圆国币券

时代：1914年

质地：纸

尺寸：长158毫米，宽89毫米

正面图案为江海关总署大厦，印有"交通银行""上海""中华民国三年印"、字冠与号码"SB594045F"、董事长及总经理之印，以及"凭票即付中华民国国币拾圆正"等。背面图案为轮船与火车图，印有英文行名"BANK OF COMMUNICATIONS""TEN YUAN""SHANGHAI"以及英文签名等。

  交通银行为清政府邮传部于1908年奏准在北京创办，是以轮（轮船）、路（铁路）、电（电报）、邮（邮政）四业为主的专业银行。北洋政府时期，交通银行被特许发行货币。南京国民政府将其定位为发展全国实业的银行。1935年，国民政府实行法币政策，交通银行纸币成为法币之一，全国通用，其法币发行量约占全部法币的六分之一。交通银行自创办以来所发行的纸币有银两券、银元券、铜元券、国币券、法币券等。

225

交通银行贰角辅币券

时代：1927年

质地：纸

尺寸：长100毫米，宽56毫米

正面图案为轮船与火车，印有"交通银行""上海""中华民国十六年"、号码"157818"，以及"此辅币券以十进计算，每贰角券伍张兑付国币壹圆""伦敦华德路公司印"等。背面印有英文行名"BANK OF COMMUNICATIONS""TWENTY CENTS""SHANGHAI"以及行长与会鉴者的英文签名等。

227

中央银行壹圆法币

时代：1936 年

质地：纸

尺寸：长 148 毫米，宽 75 毫米

正面图案为孙中山头像，印有"壹圆"、字冠与号码"$\frac{L}{G}$176362""中华民国二十五年印"，以及总裁与副总裁之印等。背面图案为故宫太和殿，印有英文行名"THE CENTRAL BANK OF CHINA""ONE YUAN""1936""$\frac{L}{G}$176362"以及总经理李觉（右）与副总经理黄秀峰（左）的英文签名等。

法币是国民政府以中央银行和由其控制的中国银行、交通银行（后增加中国农民银行）发行的无限法偿的货币，1935 年 11 月 4 日开始发行。

1935 年 11 月，国民政府实施"法币改革"，颁行《财政部改革币制令》，宣布废除银本位制，发行法币，规定一切公私款项必须以法币收付，将市面银圆收归国有，以一法币兑换一银圆。抗日战争爆发后，国民政府滥发纸币，物价暴涨引发恶性通货膨胀，法币迅速贬值。1948 年 8 月 19 日，法币被金圆券取代，正式停止流通。

中央银行于 1928 年 11 月 1 日成立，是南京国民政府的国家银行，总行设于上海外滩 15 号上海华俄道胜银行大楼内。在法币政策实施前，中央银行所发行的纸币都是以银元为本位币的兑换券，共有四种，即银元票、铜元票、关金券及辅币券。

中央銀行
L/G 176362
壹圓
壹
中華民國二十五年印

THE CENTRAL BANK OF CHINA
1
ONE YUAN
NATIONAL CURRENCY
L/G 176362
ASST. GEN. MANAGER
GENERAL MANAGER
1936
WATERLOW & SONS LIMITED. LONDON.

中国银行壹圆法币

时代：1937 年

质地：纸

尺寸：长 145 毫米，宽 71 毫米

正面图案为孙中山头像，印有"中国银行""壹圆""中华民国二十六年印"以及字冠与号码"U032844"等。背面图案为上海中国银行大厦，印有英文行名"BANK OF CHINA""ONE YUAN NATIONAL CURRENCY""1937"，以及总经理宋汉章（左）与经理贝祖贻（右）的英文签名等。

1908 年，清户部银行改组为大清银行；1912 年 1 月，大清银行又改组为中国银行。北洋政府时期，中国银行履行中央银行职能。南京国民政府时期，中国银行改组为政府特许的国际汇兑银行。中国银行所发行的纸币有兑换券、铜元券、小银元券、国币券等。

231

中华民国货币

中国银行壹百圆法币

时代：1940年

质地：纸

尺寸：长186毫米，宽86毫米

正面图案为孙中山头像，印有"中国银行""壹百圆""重庆""中华民国二十九年"、字冠与号码"Z749696"，以及总经理宋汉章与经理贝祖诒的英文签名。背面图案为北京天坛祈年殿，印有英文行名"BANK OF CHINA""ONE HUNDRED YUAN""CHUNGKING""1940"等。

中国银行发行的壹佰圆法币，由美国钞票公司印制，有重庆地名和天津地名两种。

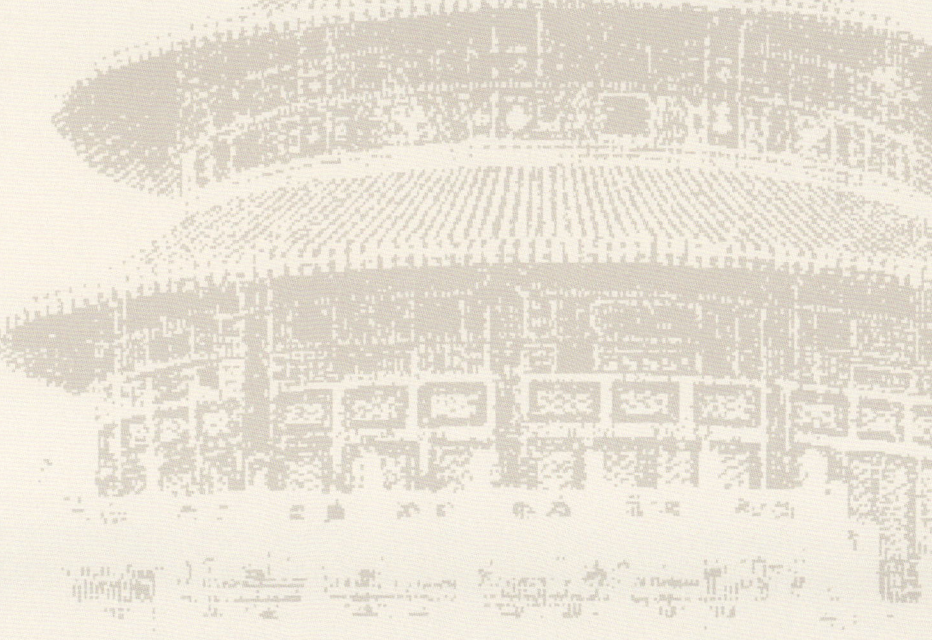

中国农民银行伍佰圆法币

时代：1941年

质地：纸

尺寸：长186毫米，宽87毫米

正面图案为江南水乡一隅，印有"美国钞票公司""中华民国三十年印"、字冠与号码"H 654210"。背面图案为杭州西湖断桥远景图，印有英文行名"THE FARMERS BANK OF CHINA""FIVE HUNDRED YUAN""1941"以及总经理叶琢堂（右）与副总经理陈淮钟（左）的英文签名等。

中国农民银行的前身是1933年4月1日在武汉成立的豫鄂皖赣四省农民银行。1935年6月4日改组为"中国农民银行"，发行中国农民银行兑换券，是供给农业信用、发展农村经济的专业银行。1936年获准发行法币，在全国流通。

1942年，国民政府将钞票发行权集中于中央银行，中国农民银行等其他银行停止发行钞票。

235

中央银行伍佰圆关金券

时代：1947 年

质地：纸

尺寸：宽 145 毫米，长 62 毫米

正面图案为孙中山正面像，印有"凭票即付""关金伍佰圆"、字冠与号码"XB 817085""中华民国三十六年印"，以及总裁与副总裁之印。背面图案为上海海关大楼，印有英文行名"THE CENTRAL BANDK OF CHINA""FIVE HUNDRED CUSTOMS GOLD YUAN""SHANGHAI, 1947"以及总经理梁平（左）与副总经理田亦民（右）的英文签名等。

  关金券是"海关金单位兑换券"的简称，是中央银行发行的专用于海关税收的票券。随着使用范围的不断扩大，关金券从海关税收票券发展成为与法币并行使用的货币。其票券图案比较统一：正面为孙中山像，背面为上海海关大厦，印有上海地名。

  1930 年，中央银行即委托美国钞票公司印制关金兑换券；1931 年 5 月，中央银行正式发行关金券，作为缴纳关税之用。1942 年 4 月，国民政府财政部规定以关金 1 元折合法币 20 元的比价，与法币并行流通。这在一定程度上是国民政府变相增发法币大钞，关金券公开行使流通功能，变成真正的纸币。1948 年 8 月 19 日，国民政府颁布"财政经济紧急处分令"，实行所谓"币制改革"，宣布废除法币和关金券，发行金圆券，并以 1 金圆券兑换 15 万关金券的比价收兑关金券。同年 11 月 21 日停止收兑，关金券正式作废。

237

中央银行伍佰萬圆金圆券

时代：1949 年

质地：纸

尺寸：长 150 毫米，宽 60 毫米

正面右侧图案蒋介石侧面像，印有"金圆券伍佰万圆"、字冠与号码"1-H 060865"以及总裁与副总裁之印。背面图案为南京国民大会堂，印有英文行名"THE CENTRAL BANK OF CHINA""FIVE MILLION GOLD YUAN""1949"以及总裁刘驷业与总经理高耀生的英文签名等。

  金圆券于 1948 年 8 月 19 日开始发行，1949 年 7 月停止流通。国民政府为挽救财政经济危机、维持日益扩大的内战军费开支，以金圆券取代法币，强制将黄金、白银和外币兑换为金圆券。但因滥发造成恶性通货膨胀，致使大量城乡居民濒临破产。金圆券流通不到一年，形同废纸，国民政府财政金融陷于全面崩溃。1949 年，中国人民解放军解放南京、上海后，人民政府宣布自 6 月起停止金圆券流通，以金圆券 10 万元兑换人民币 1 元的比率，收回后销毁。

239

中央银行拾圆银元券

时代：1949年

质地：纸

尺寸：长150毫米，宽60毫米

正面图案为孙中山正面像，印有"银元券拾圆"、号码"404115""凭票兑换银元""广州1—C"以及总裁与副总裁之印。背面图案为银元的背面图案，印有英文行名"THE CENTRAL BANK OF CHINA""TEN SILVER DOLLARS""1949""CANTON"等。

　　1949年7月2日，国民政府再次进行币制改革，实行"国币以银元为单位"。随后相继在广州、重庆等地发行银元券，"金圆券5亿元合银元1元或银元券1元"。纵使号称以银元准备，但无人相信，发行仅一天，银行界就预言它"势将破产"。7月17日，新华社发表声明，中共解放华南、西南以后将只收兑银元，不收兑银元券及国民党发行的一切货币。1949年10月14日广州解放，银元券停用。重庆于1949年7月8日发行了部分券别的银元券，同年11月30日重庆解放，银元券成了废纸。

新疆省银行陆拾亿圆省币券

时代：1949 年

质地：纸

尺寸：长 142 毫米，宽 62 毫米

正面图案为孙中山头像，印有"陆拾亿圆"、下端同时印有"折合金圆券壹万圆"。字冠与号码为"AG 338909"以及理事长、财厅长之印。背面图案为新疆省银行大楼，印有新疆省银行维吾尔文行名、"6000000000""1949"以及贾尼木汗的哈萨克文和汉文签名。

　　陆拾億圆省币券于 1949 年 5 月由新疆省银行发行。

　　新疆省银行于 1930 年 7 月 1 日成立，在初期主要是新疆金融业的管理机构，经营存放款、汇兑、买卖金银及外币业务，并代理省库拨付各地军政用款。1939 年 2 月 1 日开始发行以元为单位的省币（与银洋等值），并收兑省票和喀票。1944 年 9 月起，新疆出现了历史上空前的恶性通货膨胀，当局大量印发纸币。1948 年 12 月，新疆省银行陆续发行三千万圆、六千万圆、六亿圆、三十亿圆乃至六十亿圆纸币。新疆省银行"陆拾億圆"是中国迄今为止发行面额最大的纸币。

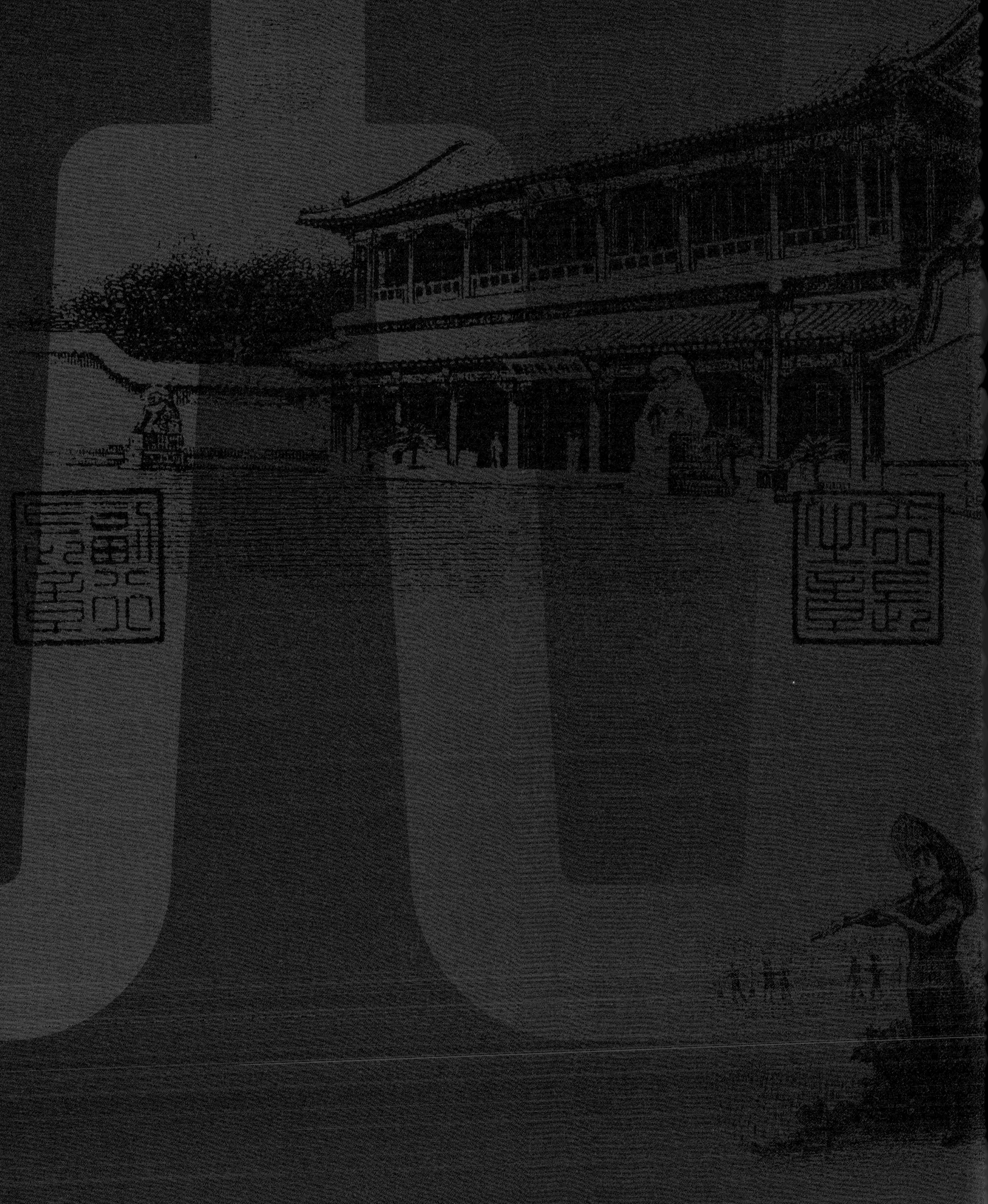

拾壹 中华人民共和国货币

1949年，中华人民共和国成立。

1948年12月1日中国人民银行成立，设计、印制与发行人民币。人民币伴随着我国经济建设的发展以及人民生活的需要而逐步完善和提高。迄今为止中国人民银行共发行了五套人民币。

本书从馆藏藏品中遴选第一套人民币12种、第二套人民币12种、第三套人民币3种，包括"壹萬圆牧马图""叁圆龙源口大桥图""拾圆工农联盟图"等珍贵纸币。

第一套人民币

壹圆工农图

时代：1948年

质地：纸

尺寸：长113毫米，宽54毫米

正面图案为工人和农民，印有"中国人民银行""壹圆""中华民国三十七年"等，字冠为"〈ⅠⅡⅢ〉"，以及总经理与副经理之印等，其主色为蓝色、粉红色。背面图案为花符，行名"中国人民银行"与纪年"1948"等，其主色为浅咖啡色。

  壹圆工农图于1949年1月10日由天津人民印刷厂印制并发行，无水印，无底纹。该票券是第一套人民币中唯一没有阿拉伯号码的纸币。

  第一套人民币自1948年12月1日开始发行，1955年5月10日停止流通，共12种面额62种版别，即1元券2种、5元券4种、10元券4种、20元券7种、50元券7种、100元券10种、200元券5种、500元券6种、1000元券6种、5000元券5种、10000元券4种、50000元券2种。第一套人民币诞生于解放战争的特定历史时期，它是在各个地区分散设计、制版、印制和就地发行的，因此其设计思想不够统一、版别多、面额差别大，且印制质量参差不齐，具有明显的战时货币特征。

伍圆水牛图

时代：1949年

质地：纸

尺寸：长127毫米，宽60毫米

正面图案中左为农具、中为驴车、右为水牛，印有"中国人民银行""伍圆""中华民国三十八年"，以及总经理与副经理之印等，其主色为蓝色，字冠与号码为"〈ⅠⅡⅢ〉2311642"。背面图案为花符，印有行名"中国人民银行"与纪年"1949"等。

伍圆水牛图于1949年7月10日由延安光华印刷厂印制并发行，有且只有三字冠〈ⅠⅡⅢ〉。票面暗记为"解、放、大、西、北"字样。该票券是第一套人民币中唯一由光华印刷厂印制的纸币。

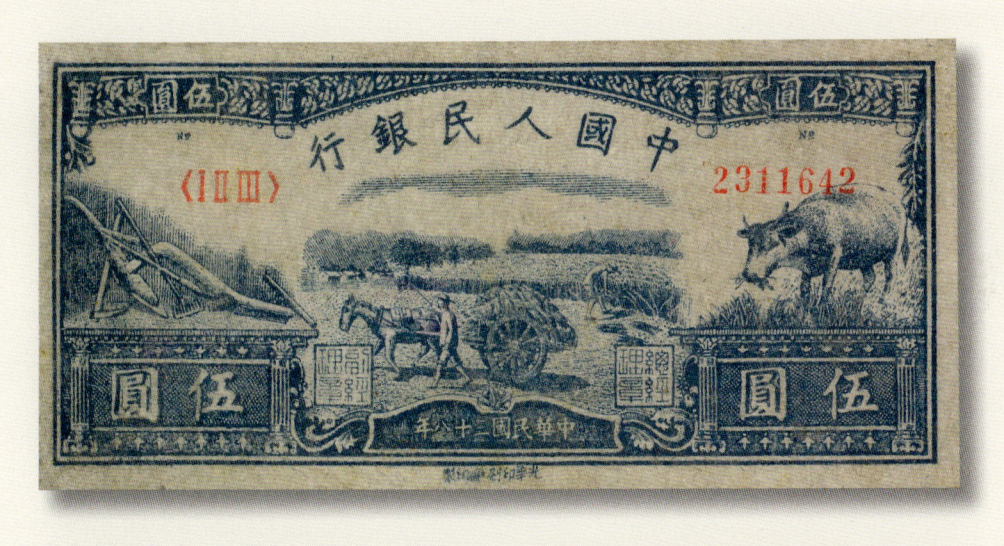

拾圆灌田与矿井图

时代：1948年

质地：纸

尺寸：长121毫米，宽63毫米

正面图案中左为二人灌田图、右为矿井图，印有"中国人民银行""拾圆""中华民国三十七年"，以及总经理与副经理之印等，其主色为浅绿色，字冠与号码为"〈ⅠⅢⅡ〉4201983"。背面图案主要有花符，印有行名"中国人民银行"、纪年"1948"等，其主色为蓝绿色。

　　拾圆灌田与矿井图于1948年12月1日由石家庄印刷厂印制并发行。该票券有白色薄纸与黄色厚纸之分。

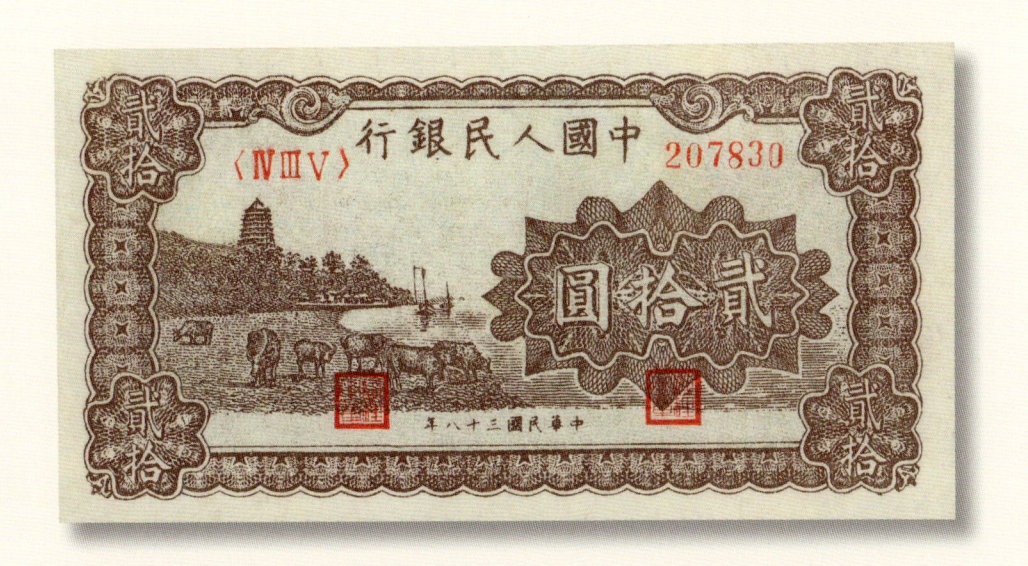

贰拾圆六和塔图

时代：1949年

质地：纸

尺寸：长124毫米，宽64毫米

正面图案为牧牛与远山上的六和塔，印有"中国人民银行""贰拾圆"和"中华民国三十八年"，以及总经理与副经理之印等，其主色为紫红色，字冠与号码为"〈ⅣⅢⅤ〉""207830"。背面图案为花符，印有行名"中国人民银行"等，其主色为黑灰色。

贰拾圆六和塔图于1949年10月由汉口中原印刷厂印制并发行。

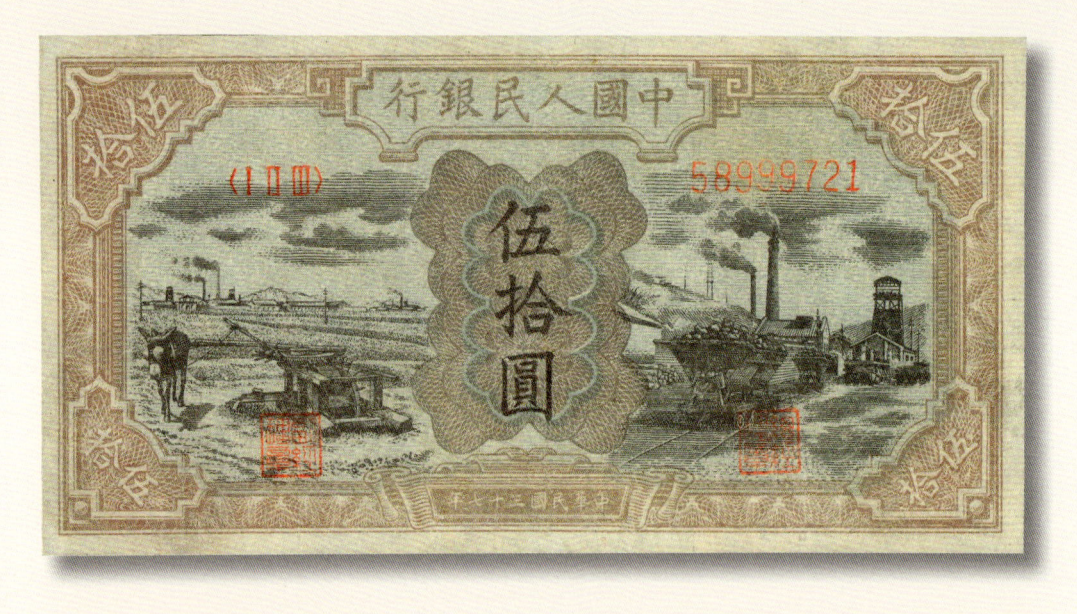

伍拾圆水车与运煤图

时代：1948 年

质地：纸

尺寸：长 133 毫米，宽 69 毫米

正面图案中左为驴拉水车、右为矿场运煤车，印有"中国人民银行""伍拾圆""中华民国三十七年"，以及总经理与副经理之印等，其主色为紫红色，字冠与号码为"〈ⅠⅡⅢ〉58999721"。背面图案主要为花符，印有行名"中国人民银行"、纪年"1948"等，其主色为棕黄色。

伍拾圆水车与运煤图于 1948 年 12 月 1 日由中国人民银行第一印刷局（原华北银行第一印刷局）印制并发行。

壹佰圆轮船图

时代：1949年

质地：纸

尺寸：长134毫米，宽70毫米

正面图案为泊在码头的轮船与远处的建筑，印有"中国人民银行""壹佰圆""中华民国三十八年"，以及总经理与副经理之印，其主色为红藕荷色，字冠与号码为"〈ⅧⅥⅩ〉77634404"。背面图案主要为花符，行名印有"中国人民银行"、纪年"1949"等，其主色为红藕荷色。

壹佰圆轮船图于1949年8月由上海印钞厂印制并发行。

贰佰圆长城图

时代：1949 年

质地：纸

尺寸：长 134 毫米，宽 70 毫米

正面图案为长城，印有"中国人民银行""贰佰圆""中华民国三十八年"，以及总经理与副经理之印等，其主色为茄紫色，字冠与号码为"〈ⅡⅢⅠ〉15832777"。背面图案主要为花符，印有行名"中国人民银行"、纪年"1949"等，其主色为深蓝色。

贰佰圆长城图于 1949 年 8 月由北海银行印钞厂制版，上海印钞厂、上海大东印刷厂等印制并发行。

伍佰圆瞻德城图

时代：1951年

质地：纸

尺寸：长134毫米，宽70毫米

正面图案为新疆伊犁古城——瞻德城，印有"中国人民银行""伍佰圆""一九五一年"，以及行长与副行长之印等，其主色为紫黑色，字冠与字号为"〈ⅠⅡⅢ〉0346783"。背面图案为花符及维文行名"中国人民银行"与纪年"1951"，其主色为酱紫色。

伍佰圆瞻德城图于1951年10月1日由北京印钞厂印制并发行。其字冠仅见7位数字的"〈ⅠⅡⅢ〉"三字冠。票面正面左边花丛中有"抗、美、援、朝"等暗记，颇具时代特色。

壹仟圆马饮水图

时代：1951 年

质地：纸

尺寸：长 134 毫米，宽 70 毫米

正面图案为马饮水，印有"中国人民银行""壹仟圆""一九五一年"以及行长与副行长之印，其主色为蓝绿色，字冠与字号为"〈ⅠⅡⅢ〉0436115"。背面图案为花符，印有维文行名"中国人民银行"与纪年"1951"等，其主色为茶绿色。

壹仟圆马饮水图于 1951 年 10 月 1 日由天津人民印刷厂印制并发行。该票券主要流通于新疆地区。其正面图案借用了晋察冀边区银行 1946 年版 1000 元券图案。

伍仟圆蒙古包图

时代：1951 年

质地：纸

尺寸：长 140 毫米，宽 74 毫米

正面图案为蒙古包与骆驼，印有"中国人民银行""伍仟圆""一九五一年"，以及行长与副行长之印，其主色为蓝绿色，字冠与字号为"〈ⅠⅡⅢ〉4446194"。背面图案为花符，印有蒙文行名"中国人民银行"与纪年"1951"等，其主色为深蓝色。

　　伍仟圆蒙古包图于 1951 年 5 月 17 日由北京印钞厂印制，中国人民银行发行。主要流通于内蒙古地区。

壹萬圆牧马图

时代：1951年

质地：纸

尺寸：长140毫米，宽75毫米

正面图案左侧为牧马图，印有"中国人民银行""壹万圆""一九五一年"，以及行长与副行长印，其主色为紫色，字冠与字号为"〈ⅠⅡⅢ〉1393358"。背面图案为花符，印有蒙文行名"中国人民银行"与纪年"1951"等，其主色为茶色。

壹萬圆牧马图于1951年5月17日由北京印钞厂印制，中国人民银行发行。牧马图是第一套人民币中最为珍罕的一枚，被誉为"币王"。牧马图因发行量少、发行时间短、流通范围小、保存难度大，存世量极少，具有珍贵的文物历史与艺术鉴赏价值。

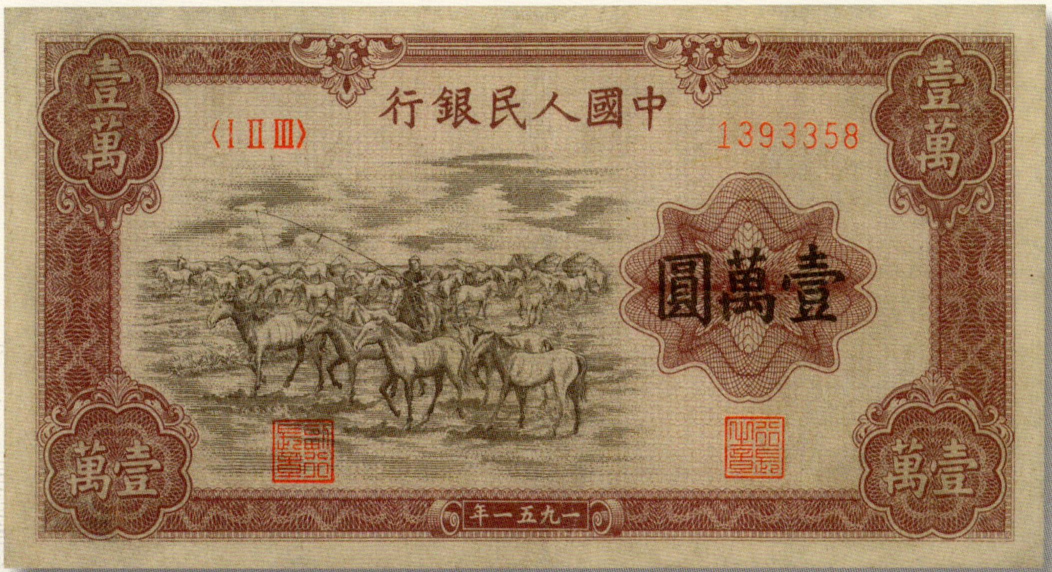
中國人民銀行
壹萬
〈I II III〉
1393358
壹萬圓
一九五一年

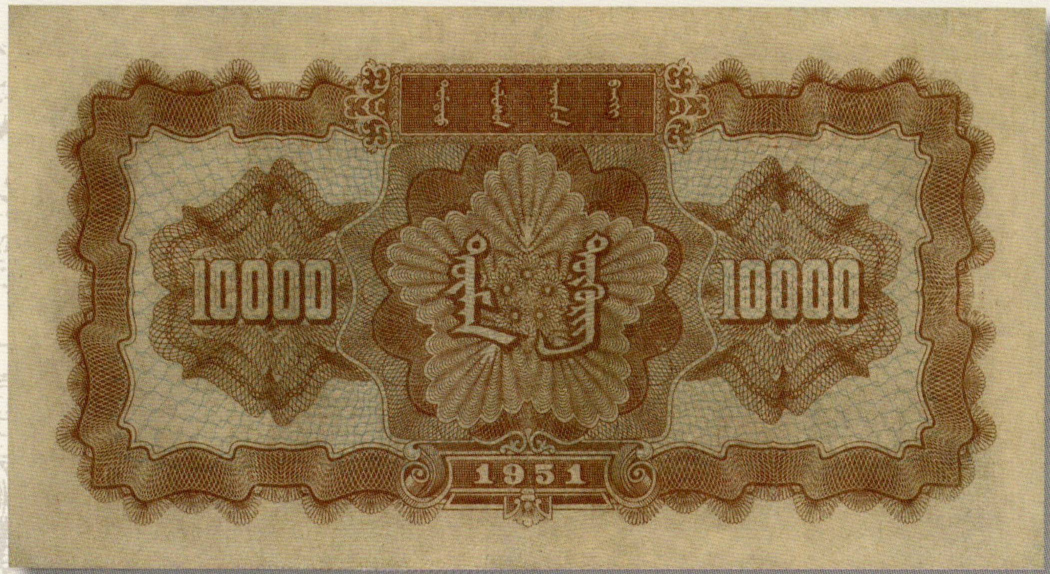
10000
10000
1951

伍萬圆新华门图

时代：1950 年

质地：纸

尺寸：长 140 毫米，宽 75 毫米

正面图案为新华门侧图，印有"中国人民银行""伍萬圆""一九五零年"，以及行长与副行长之印，其主色为深绿色，字冠与字号为"〈ⅡⅠⅢ〉2578531"。背面图案为拖拉机、花符，印有行名"中国人民银行"与纪年"1950"等，其主色为深绿色。

　　伍萬圆新华门图于1950年由北京印钞厂印制，1953年12月由中国人民银行发行。该票券是人民币史上面值最大、流通时间最短的纸币之一。

中國人民銀行
〈II I III〉
2578531
伍萬
伍萬
伍萬圓
伍萬
伍萬
一九五零年

中國人民銀行
50000
50000
1950

第二套人民币

壹分汽车图

时代：1953 年

质地：纸

尺寸：长 90 毫米，宽 42 毫米

正面图案为载运货物的汽车，印有"中国人民银行""壹分""一九五三年"，其主色为米黄色，字冠与字号为"ⅤⅡⅡ9249499"。背面图案为国徽、花符等，印有汉、藏、蒙、维文行名"中国人民银行"与纪年"1953"等，其主色为米黄色。

壹分汽车图于 1955 年 3 月 1 日由中国人民银行发行，2007 年 4 月 1 日停用。

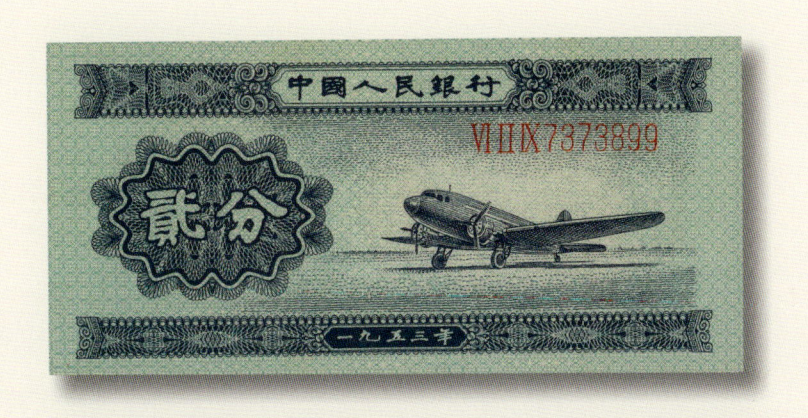

贰分飞机图

时代：1953年

质地：纸

尺寸：长95毫米，宽45毫米

正面图案为飞机，印有"中国人民银行""贰分""一九五三年"，其主色为浅蓝色，字冠与字号为"Ⅶ Ⅱ Ⅸ 7373899"。背面图案为国徽、花符等，印有汉、藏、蒙、维文行名"中国人民银行"与纪年"1953"等，其主色为浅蓝色。

贰分飞机图于1955年3月1日由中国人民银行发行，2007年4月1日停用。

伍分轮船图

时代：1953 年

质地：纸

尺寸：长 100 毫米，宽 47 毫米

正面图案为航行的轮船，印有"中国人民银行""伍分""一九五三年"，其主色为翠绿色，字冠与字号为"VIⅢ I 9722199"。背面图案为国徽、花符等，印有汉、藏、蒙、维文行名"中国人民银行"与纪年"1953"等，其主色为翠绿色。

伍分轮船图于 1955 年 3 月 1 日由中国人民银行发行，2007 年 4 月 1 日停用。

壹角拖拉机图

时代：1953 年

质地：纸

尺寸：长 115 毫米，宽 52 毫米

正面图案为农用拖拉机，印有"中国人民银行""壹角""一九五三年"，以及行长与副行长之印，其主色为棕黄色，字冠与字号为"Ⅷ Ⅹ Ⅲ 3707499"。背面图案为国徽、花符等，印有汉、藏、蒙、维文行名"中国人民银行"与纪年"1953"等，其主色为浅草绿色。

　　壹角拖拉机图于 1955 年 3 月 1 日由中国人民银行发行，俗称"黄一角"，1967 年 12 月 15 日开始银行只收不付。

贰角火车图

时代：1953年

质地：纸

尺寸：长120毫米，宽55毫米

正面图案为火车，印有"中国人民银行""贰角""一九五三年"，以及行长与副行长之印，其主色为墨绿色，字冠与字号为"ⅦⅨⅠ 9840699"。背面图案为国徽、花符等，印有汉、藏、蒙、维文行名"中国人民银行"与纪年"1953"等，其主色为浅紫粉色。

  贰角火车图于1955年3月1日由中国人民银行发行，俗称"火车头"，1971年11月开始开始只收不付。

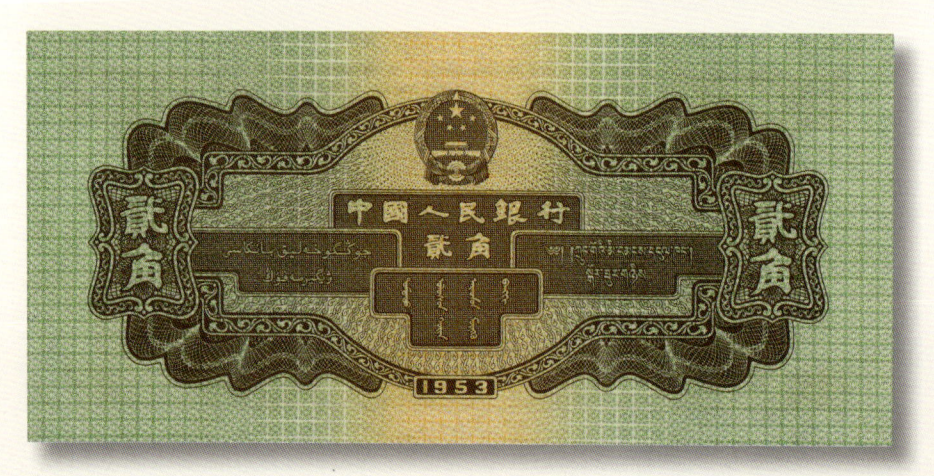

伍角水电站图

时代：1953 年

质地：纸

尺寸：长 124 毫米，宽 56 毫米

正面图案为水电站，印有"中国人民银行""五角""一九五三年"，以及行长与副行长之印，其主色为紫色，字冠与字号为"VⅠⅧ I 9726899"。背面图案为国徽、花符等，印有汉、藏、蒙、维文行名"中国人民银行"与纪年"1953"等，其主色为浅紫粉色。

五角水电站图于 1955 年 3 月 1 日由中国人民银行发行，俗称"水坝"，版式有浅版空心五角星水印与深版无水印两种。1979 年 1 月 1 日停用。

壹圆天安门图（1953版）

时代：1953年

质地：纸

尺寸：长150毫米，宽68毫米

正面图案为北京天安门图，印有"中国人民银行""壹圆""一九五三年"，以及行长与副行长之印，其主色为粉红色，字冠与字号为"VIIV I 9487899"。背面图案为国徽、花符等，印有汉、藏、蒙、维文行名"中国人民银行"与纪年"1953"等，其主色为粉红色。

1953版壹圆天安门图于1955年3月1日由中国人民银行发行，1969年10月20日开始银行只收不付。

壹圆天安门图（1956版）

时代：1956年

质地：纸

尺寸：长150毫米，宽66毫米

正面图案为北京天安门图，印有"中国人民银行""壹圆""一九五六年"，以及行长与副行长之印，其主色为蓝黑色，字冠与字号为"ⅠⅤⅩ 6681199"。背面图案为国徽、花符等，印有汉、藏、蒙、维文行名"中国人民银行"与纪年"1956"等，其主色为蓝黑色。

  1956版壹圆天安门图于1961年3月25日发行，1973年8月15日开始银行只收不付。

  1955年7月，红色壹圆券被发现有严重的变色褪色现象，变色褪色的主要原因在于油墨的连接性能差，影响颜料在纸张上的附着力，而黑色油墨较为稳定。新版壹圆券除了颜色变黑外，天安门图案中去掉了8个宫灯，城楼两侧加上了"中华人民共和国万岁""世界人民大团结万岁"两条标语。

贰圆宝塔山图

时代：1953 年

质地：纸

尺寸：长 154 毫米，宽 70 毫米

正面图案为延安宝塔山远景图，印有"中国人民银行""贰圆""一九五三年"，以及行长与副行长之印，其主色为深蓝色，字冠与字号为"〈ⅡⅢⅥ〉9300099"。背面图案为国徽、花符等，印有汉、藏、蒙、维吾尔文行名"中国人民银行"与纪年"1953"等，其主色为深蓝色。

贰圆宝塔山图于 1955 年 3 月 1 日由中国人民银行发行，1976 年 12 月开始银行只收不付。

叁圆龙源口石桥图

时代：1953年

质地：纸

尺寸：长158毫米，宽72毫米

正面图案为江西永新县境内的龙源口桥，印有"中国人民银行""叁圆""一九五三年"，以及行长与副行长之印，其主色为深绿色，字冠与字号为"ⅩⅠⅢ 0927799"。背面图案为花符、国徽等，印有汉、蒙、维、藏文行名"中国人民银行"与纪年"1953"等，其主色为深绿色。

叁圆龙源口石桥图于1955年3月1日发行，1964年4月15日开始银行只收不付，同年5月15日停止收兑。该票券由苏联代为印制，是迄今为止人民币史上发行的唯一一张面额为叁圆的货币。

伍圆各族人民大团结图

时代：1953 年

质地：纸

尺寸：长 166 毫米，宽 75 毫米

正面图案为天安门广场上的各族人民，印有"中国人民银行""伍圆""一九五三年"，以及行长与副行长之印，其主色为酱紫色，字冠与字号为"ⅠⅨⅩ 5475099"。背面图案为花符、国徽及汉、蒙、维、藏四种文字表示的"中国人民银行"行名与纪年"1953"等，其主色为深红色。

伍圆各族人民大团结图纸币于 1955 年 3 月 1 日由中国人民银行发行，1964 年 4 月 15 日开始银行只收不付，同年 5 月 15 日停止收兑。该票券由苏联代为印制。